MARCO RIES

UNNÜTZES SKISPRUNG WISSEN

MARCO RIES

UNNÜTZES SKISPRUNG WISSEN

DIE KURIOSESTEN FAKTEN RUND UM DEN WUNDERVOLLSTEN WINTERSPORT

riva

Bibliografische Information der Deutschen Nationalbibliothek
Die Deutsche Nationalbibliothek verzeichnet diese Publikation in der Deutschen Nationalbibliografie. Detaillierte bibliografische Daten sind im Internet über http://dnb.d-nb.de abrufbar.

Für Fragen und Anregungen
info@rivaverlag.de

Wichtiger Hinweis
Ausschließlich zum Zweck der besseren Lesbarkeit wurde auf eine genderspezifische Schreibweise sowie eine Mehrfachbezeichnung verzichtet. Alle personenbezogenen Bezeichnungen sind somit geschlechtsneutral zu verstehen.

Originalausgabe
1. Auflage 2023

Türkenstraße 89
80799 München
Tel.: 089 651285-0
Fax: 089 652096

Redaktion: Dr. Ulrich Korn
Umschlaggestaltung: Isabella Dorsch
Umschlagabbildung: Shutterstock.com/Kjpargeter, onot, Thomas Bethge
Abbildung im Innenteil: Shutterstock.com/Crazy nook
Satz: ZeroSoft, Timisoara
Druck: CPI books GmbH, Leck
Printed in in the EU

ISBN Print 978-3-7423-2224-1
ISBN E-Book (PDF) 978-3-7453-1997-2
ISBN E-Book (EPUB, Mobi) 978-3-7453-1998-9

Wir produzieren nachhaltig
www.m-vg.de

Weitere Informationen zum Verlag finden Sie unter

www.rivaverlag.de

Beachten Sie auch unsere weiteren Verlage unter www.m-vg.de

INHALT

Marco Ries, Jahrgang 1992, studierte nach dem Abitur Soziologie an der Universität Heidelberg. Daneben machte er sich als freier Journalist und Autor selbstständig. 2009 gründete er das Onlineportal skispringen.com, das seitdem nicht nur im Winter über alle Ereignisse im Skispringen berichtet.

VORWORT

Spätestens seit der Erfolgsära von Sven Hannawald und Martin Schmitt gehört das Skispringen in Deutschland zu den populärsten Wintersportarten. Jedes Wochenende begeistern sich allein hierzulande Millionen Fernsehzuschauer für eine Sportart, die die wenigsten selbst ausüben oder sich auch nur in die Lage hineinversetzen könnten, was für ein Gefühl es sein muss, sich von den Skisprungschanzen der Welt zu stürzen und auf Weitenjagd zu gehen.

Von den Anfängen und den ersten professionellen Wettkämpfen in den 1900er-Jahren hat das Skispringen bis heute an Popularität gewonnen. Die anekdotenreiche Weltcupgeschichte hat dabei besondere Persönlichkeiten, viele Helden, aber auch Antihelden hervorgebracht. Dieses Buch soll einen Überblick geben über die skurrilsten und kuriosesten Geschichten der vergangenen Jahrzehnte, sowohl auf als auch abseits der Schanze. Aber auch die Entwicklung des Sports und seiner Popularität in den Medien soll auf unterhaltsame Weise dargestellt werden.

Unnützes Skisprungwissen ist der perfekte Begleiter durch den Winter, um beispielsweise während der Vierschanzentournee nicht nur mit Fachwissen, sondern auch mit den kuriosesten Fakten und lustigsten Geschichten glänzen zu können.

VON DEN ANFÄNGEN BIS HEUTE

DIE ENTWICKLUNG DES SKISPRINGENS VOM 20. INS 21. JAHRHUNDERT

Betrunken zum Sieg

Finnische Skispringer und der Alkohol – eine lange Geschichte, die schon früh ihren Anfang genommen hat: 1955/56 setzte sich der Vierschanzentourneesieger des Vorjahres, Hemmo Silvennoinen, über das vom Trainer verordnete Alkoholverbot in der Silvesternacht hinweg. Eigentlich hatte der finnische Cheftrainer den Skispringer für das Neujahrsspringen am folgenden Tag sperren wollen, doch die Mannschaft machte sich für ihren damaligen Topspringer stark. Am Ende durfte Silvennoinen starten – und gewann das prestigereiche Neujahrsspringen in Garmisch-Partenkirchen.

Wind? Unbekannt!

Die Technik hat das Skispringen über die Jahre revolutioniert. Windmesser oder Startampeln für die Freigabe der Sprünge gab es in den Anfangsjahren der Vierschanzentournee nicht – stattdessen: Heini

Klopfer, den früheren Skispringer und erfolgreichen Architekten von Skisprungschanzen. Um den Athleten die Startfreigabe zu erteilen, stand er mit einer roten Fahne am Schanzentisch. Doch um zu verhindern, dass die Athleten erfuhren, aus welcher Richtung oder wie stark der Wind wehte, tauchte er die Fahne in den bereitgestellten Wassereimer, damit sie nicht flattern konnte.

Skispringer als Multifunktionär

Der Oberstdorfer Max Bolkart hatte bei der Tournee 1959/60 alle Hände voll zu tun. Während die anderen Springer auf seiner Heimschanze schon mit dem Training begonnen hatten, war er noch damit beschäftigt, die Lautsprecheranlage im Stadion zu montieren. Er legte immer dann sein Werkzeug beiseite, wenn er seine eigenen Trainingssprünge zu absolvieren hatte. Im späteren Wettkampf wurde Bolkart immerhin Zweiter. Vor dem Neujahrsspringen in Garmisch-Partenkirchen fuhr Bolkart kurzfristig zurück nach Oberstdorf – um als Mitglied der Stadtkapelle Silvestermusik zu spielen. Trotz weniger Stunden Schlaf stand er auch in Garmisch-Partenkirchen wieder auf dem Podium.

DDR-Springer boykottieren Tournee

Schon bei der achten Ausgabe der Vierschanzentournee 1959/60 sorgte die politische Situation zwischen Westdeutschland und der DDR für einen Eklat. Weil die Bundesrepublik die DDR-Flagge nicht anerkannt und den Start unter diesem Staatsemblem verboten hatte, sahen sich die Tourneeorganisatoren nicht in der Lage, die Flagge an den Skisprungschanzen zu hissen. Ausgerechnet nachdem in den beiden Jahren zuvor mit Helmut Recknagel ein ostdeutscher Springer die Vierschanzentournee gewonnen hatte, verzichteten die so erfolgreichen DDR-Skispringer auf die Teilnahme. Daraufhin boykottierten auch die Mannschaften aus Polen, der Sowjetunion und der Tschechoslowakei die Tournee.

Trotz politisch weiter angespannter Lage suchten die Organisatoren für die darauffolgende Vierschanzentournee eine Lösung, weil sie nicht auf die starken DDR-Springer verzichten wollten. Statt der jeweiligen Nationalflaggen hat man sich dafür entschieden, nur noch die Fahnen der Skivereine zu hissen, für die die Athleten starteten. Das DDR-Team zeigte sich einverstanden, trat 1960/61 wieder in Bestbesetzung an und stellte mit Helmut Recknagel erneut den Gesamtsieger. Weitere Siege waren Recknagel danach nicht mehr vergönnt, weil der Sportverkehr zwischen der Bundesrepublik und der DDR daraufhin bis 1965/66 komplett gesperrt wurde und die DDR-Springer somit weder in Oberstdorf noch in Garmisch-Partenkirchen an den Start gehen durften.

Verrechnet: Falscher Sieger

Seit 1964/65 werden bei der Vierschanzentournee Computer zur Berechnung der Endergebnisse eingesetzt. Trotzdem kam es zu einem Fehler: Beim Neujahrsspringen wurde zunächst der Deutsche Heini Ihle als Sieger bekannt gegeben, was auch in den Fernsehübertragungen so vermeldet wurde. Erst nach einer erneuten Überprüfung gaben die Organisatoren eine Stunde später bekannt, dass man sich um einen Zehntelpunkt verrechnet hatte: Neuer Sieger war Erkki Pukka aus Finnland. Nach einem Sturz beim dritten Springen in Innsbruck war Ihle im Kampf um den Gesamtsieg aber ohnehin chancenlos.

Polizei ermittelt gegen Skispringer

1968/69 verstrickten sich mehrere norwegische Skispringer am Rande des Tourneefinales in Bischofshofen in eine handfeste Schlägerei in einem Nachtlokal. Sogar die Polizei ermittelte zwischenzeitlich, stellte dies nach der Intervention von Funktionären des SC Bischofshofen aber wieder ein. Nur mit Mühe konnten die Skispringer durch die Organisatoren rechtzeitig zum Wettkampf aus dem Polizeigewahrsam befreit werden.

Vierstündige Liveübertragung

Das Neujahrsspringen war schon vor Jahrzehnten ein Klassiker: Darum übertrug das ZDF das traditionsreiche Springen am Neujahrstag 1979 mehr als vier Stunden ohne Unterbrechung live – ohne dass ein einziger Springer über den Bakken ging. Nach einem Temperatursturz in der Silvesternacht war es den Organisatoren nicht möglich, die vereiste Anlage sprungbereit zu präparieren. Sportreporter Bruno Moravetz musste die Zeit mit Anekdoten überbrücken, danach wurde der Wettkampf auf den Folgetag verlegt. Dass das Neujahrsspringen nicht am 1. Januar stattfand, war ebenfalls ein Novum.

Spezialhandschuhe als Garantie für den Sieg?

Für Walter Steiner, einen der erfolgreichsten Schweizer Skispringer der Geschichte und bis heute in seiner Heimat als »Der Vogelmensch« bekannt, hätte mithilfe einer besonderen Innovation im Materialbereich die gesamte Skisprungwelt düpieren können: Sein

Skihersteller Kneissl entwickelte zur Vierschanzentournee 1975/76 eine Art Flossenhandschuh, der ihm durch die vergrößerte Tragfläche einen erheblichen Vorteil gegenüber der Konkurrenz verschaffen sollte. Was heutzutage streng reglementiert ist, wäre damals kein Verstoß gegen das Regelwerk gewesen.

Wie Steiner zu Recherchen für dieses Buch erklärt hat, weigerte er sich allerdings, damit an den Start zu gehen: »Scheinbar ist es dem Skihersteller trotzdem gelungen, damit viel Aufmerksamkeit zu erregen.« Erst im Jahr darauf belegte der Schweizer dann – ohne Spezialhandschuhe – immerhin den zweiten Platz bei der Vierschanzentournee.

Skispringer als Namensgeber für Popstar

Die ganz großen Erfolge sind Falko Weißpflog während seiner aktiven Karriere zwar ausgeblieben – doch der Einfluss des sächsischen Skispringers war auch nach dessen Karriereende 1980 weiterhin immens. Nicht unbedingt im Skispringen, sondern vielmehr in der Musikbranche: Es war das Neujahrsspringen der Vierschanzentournee 1978, das Johann Hölzel in einem Hotel verfolgt und daraufhin beschlossen hatte, sich nach dem auch als »Falken« bekannten Skispringer zu benennen. Doch wer ist Johann Hölzel? Berühmt wurde er kurz darauf als Falco, der aufgrund der internationalen Vermarktbarkeit nur die Schreibweise des

Skispringers geändert hat und auch weltweit durchstartet ist. Der österreichische Interpret des bis heute einzigen deutschsprachigen Songs, der jemals die Spitze der britischen und der US-Charts erklommen hat (»Rock Me Amadeus«), hat sich seinen Namen vom Skispringer aus Sachsen geliehen.

Erst betrunken, dann Tourneesieger

Zweifelsohne ist Matti Nykänen einer der größten Skispringer aller Zeiten. Doch mit seinen Alkoholeskapaden machte der Finne häufiger Schlagzeilen. So auch beim Neujahrsspringen 1986/87, als Nykänen von seinem damaligen Trainer Matti Pulli die Teilnahme verboten wurde, weil er betrunken an den Start gehen wollte. Im Jahr darauf gewann Nykänen zum zweiten Mal die Tournee. Im Februar 2019 ist er im Alter von nur 55 Jahren verstorben.

Absprungfehler revolutioniert den Sport

Lange Zeit sprang Jan Boklöv der internationalen Weltspitze der Skispringer hinterher. Ein Absprungfehler im Training 1987 sollte nicht nur seine eigene sportliche Karriere maßgeblich beeinflussen, sondern den gesamten Skisprungsport revolutionieren. Versehentlich brachte der bis dahin weitgehend unbekannte

Schwede seine Sprungskier nicht in den bis dahin vorgesehenen Parallelstil, sondern bildete stattdessen ein V – und sprang damit weiter als je zuvor. Weil die Skier in diesem Stil dem Wind mehr Angriffsfläche bieten, erhöht sich der Auftrieb für die Skispringer. Ein neuer Sprungstil war geboren.

Nachdem er den V-Stil auch in Wettkämpfen eingesetzt hatte, erntete Boklöv zunächst nur Kopfschütteln und satte Abzüge von den Punktrichtern. Die Verantwortlichen der FIS um den damaligen Präsidenten des Skisprungkomitees, Torbjørn Yggeseth aus Norwegen, sahen so die Ästhetik des Skispringens gefährdet. Doch trotz hoher Punktabzüge landete Boklöv so weit vor der Konkurrenz, dass er im Dezember 1988 den ersten Weltcup seiner Karriere und in derselben Saison auch den Gesamtweltcup gewinnen konnte. Ab 1990 haben nahezu alle Skispringer versucht, vom Parallel- zum V-Stil zu wechseln, was sich aber oft schwierig gestaltet hat. Für viele Athleten führte die neue Technik schnell zur Beendigung der Karriere, nur acht von ihnen haben in beiden Stilen Weltcupsiege gefeiert. Erst 1992 wurde der neue Sprungstil international akzeptiert und nicht mehr mit Punktabzügen bestraft.

Norweger halten zusammen

Unvergessen die Vierschanzentournee 1993/94, als Jens Weißflog kurz davor stand, als erster Springer der Geschichte die Vierschanzentournee zum vierten Mal zu gewinnen. Doch der Oberwiesenthaler hatte beim Finale von Bischofshofen die Rechnung ohne die Norweger gemacht, die sportlich wenig fair, aber geschickt seinen Triumph zu verhindern wussten. Unmittelbar vor Weißflog blieb Lasse Ottesen trotz bester Bedingungen mehr als zwei Minuten auf dem Anlaufbalken sitzen. Durch die Verzögerung musste Weißflog anschließend bei wesentlich schlechteren Bedingungen starten und war im Zweikampf mit Ottesens Landsmann Espen Bredesen chancenlos. Ottesen wurde nachträglich wegen Unsportlichkeit disqualifiziert, doch Bredesen sicherte sich so den Tourneegesamtsieg. »Das haben wir Ottesen zu verdanken, dem Arschloch«, wütete Weißflog wenig später am Funkgerät im Gespräch mit seinen Trainern. Wenige Wochen später revanchierte er sich ausgerechnet bei den Olympischen Winterspielen im norwegischen Lillehammer, als er zehn Jahre nach seinem ersten Erfolg von Sarajevo 1984 erneut Olympiagold feierte. Und auch seinen vierten Tourneetriumph konnte zwei Jahre später keiner verhindern.

Lukrative Preisgelder ersetzen Sachpreise

Nachdem zu Beginn des 20. Jahrhunderts erstmals in Europa regelmäßige Skisprungwettbewerbe ausgerichtet worden waren und der Sport 1924 ins olympische Programm aufgenommen wurde, waren die Skispringer lange Zeit eher Amateure als Profisportler. Erst nach der Einführung der Vierschanzentournee 1953 und des Skisprung-Weltcups 1979 professionalisierte sich der Sport allmählich – viel verdienen konnten die Skispringer der 1980er- und 1990er-Jahre allerdings lange Zeit nicht. Neben Siegerpokalen der ausrichtenden Skivereine erhielten die Gewinner höchstens Sachpreise, deren finanzieller Wert meist überschaubar war: Sieht man sich die historischen Bilder der früheren Veranstaltungen an, entdeckt man nicht selten neben Blumensträußen und Pokalen beispielsweise Fernsehgeräte, Kofferradios oder Mikrowellen. »Sogar ein Schweißgerät war einmal dabei«, erinnerte sich der österreichische Skispringer Ernst Vettori. Und auch Jens Weißflog blickt heute auf die teils kuriosen Preise zurück: »Nach ein paar Jahren hatte ich keinen Platz mehr und musste einige Geräte verschenken.«

1991 erhielt der Oberwiesenthaler, der den Sport in den Achtzigern und Neunzigern lange dominiert hatte, erstmals einen Goldbarren von immerhin 100 Gramm. Erst 1992 wurde das Preisgeld im Skisprung-Weltcup eingeführt, das durch die zunehmende Kommerzialisierung und Popularität ab Ende der 1990er-Jahre schnell angestiegen ist. Heutzutage erhalten die Top-30-Athleten eines jeden Wettbewerbs offizielle Preisgelder; ein erfolgreicher Skispringer kann auch dank lukrativer Extraprämien für Topveranstaltungen wie die Vierschanzentournee inzwischen zumindest rund 300 000 Euro pro Saison gewinnen. Heute wie damals erzielen die populärsten und erfolgreichsten Skispringer einen Großteil ihrer Einnahmen aber nicht unbedingt durch Preisgelder, sondern ebenso durch Sponsoren und Werbeverträge.

Weitenjagd als Marketinggag?

Bereits Jahre bevor die 250-Meter-Marke offiziell geknackt war, versetzte der Energydrink-Hersteller Red Bull die Skisprungszene in helle Aufregung: Der Brausegigant aus Österreich, schon lange für spektakuläre Marketingaktionen bekannt, wollte es einem seiner gesponserten Athleten – dem Vernehmen nach Gregor Schlierenzauer oder Thomas Morgenstern (beide Österreich) – ermöglichen, über 300 Meter weit zu fliegen. Im Nationalpark Hohe Tauern in Kärnten wurde dazu eine riesige Naturschanze aus Schnee auf rund 3000 Meter Höhe errichtet, die in erster Linie auch dazu dienen sollte, Werbeaufnahmen zu produzieren.

Doch wenige Tage bevor es so weit sein sollte, folgte die Absage: Der Österreichische Skiverband habe seinen Athleten die Freigabe aus Sicherheitsgründen verweigert. Kurz darauf wurden Stimmen laut, dass schon der Bau der Schanze ein reiner Werbegag gewesen sei, dass tatsächlich nie ein Sprung geplant war. Ob so oder so, die Aufmerksamkeit war Red Bull gewiss.

Doping im Skispringen

Von großen Dopingskandalen ist der Skisprungsport in der Vergangenheit weitgehend verschont geblieben; da die Skispringer vor allem auf Schnellkraft angewiesen sind, wären die üblichen Dopingmittel meist wenig hilfreich. Anders ist die Situation beim ehemaligen Skispringer Dimitry Wassiliev aus Russland, der im Jahr 2001 überführt wurde: Nachdem er bei der Vierschanzentournee in Innsbruck sowie beim Weltcup in Sapporo überraschend jeweils den dritten Platz belegt hatte, wurde bei ihm das Diuretikum Furosemid festgestellt, ein harntreibendes Mittel, das zur Gewichtsreduktion verwendet wird. Wassiliev wurde für zwei Jahre gesperrt und die Ergebnisse wurden ihm aberkannt. Einen kurz vor der Dopingkontrolle erreichten zweiten Platz beim Neujahrsspringen in Garmisch-Partenkirchen durfte er hingegen behalten.

Der erste bestätigte Dopingfall im Skispringen betraf Andreas Goldberger, der für sechs Monate gesperrt wurde, nachdem er den Konsum von Kokain hätte einräumen müssen. Der Norweger Tom Aage Aarnes wurde 2002 für zwei Jahre aus dem Verkehr gezogen, nachdem er positiv auf Amphetamine getestet worden war. Nach Lars Bystøl (Cannabis) wurden auch die beiden Russen Denis Boyarintsev (Cannabis) und Dmitriy Tsviklinsky (Amphetamine) wegen Drogenkonsum gesperrt. Die russische Skispringerin Alexandra Kustowa wurde 2020 für insgesamt 18 Monate suspendiert, weil sie es zuvor mehrfach versäumt hatte, gegenüber der Anti-Doping-Agentur ihren Aufenthaltsort mitzuteilen und zu Tests zu erscheinen.

Der gläserne Skispringer

Um das Skispringen den Fernsehzuschauern verständlicher zu vermitteln, kommt seit der Saison 2018/19 eine neuartige Sensortechnik zum Einsatz, die bei Mannschaften und Athleten zunächst nicht unumstritten war. Ein kleiner Chip in einem roten Döschen, nur 10 Gramm schwer, sollte – befestigt hinter der Bindung auf den Sprungskiern – weitere Daten neben den bisher bekannten wie Anlaufgeschwindigkeit und Weite sammeln und auch den Fernsehzuschauern während der Liveübertragungen präsentieren. So etwa die Geschwindigkeit nach 20 Metern im Flug, die Höhe über dem Aufsprunghang sowie die Geschwindigkeit bei der Landung.

»Wir können das Geheimnis eines guten oder schlechten Sprungs lüften«, hatte der frühere FIS-

Renndirektor Walter Hofer im Vorfeld angekündigt und war damit nicht nur auf Gegenliebe gestoßen. Weil die Topmannschaften ähnliche technologische Analysen bereits in Eigenregie umgesetzt hatten, befürchteten sie einen Wettbewerbsnachteil, wenn diese Daten nun öffentlich würden. Heutzutage werden die Daten nur noch sporadisch und auf freiwilliger Basis bei den wichtigsten Veranstaltungen gesammelt und auch den Fernsehzuschauern zur Verfügung gestellt.

Film sorgt in Korea für Skisprung-Boom

Im Vorfeld der Olympischen Winterspiele 2018 in Pyeongchang hat das Skispringen in Südkorea ein Schattendasein gefristet. Doch einige Jahre vor den Titelkämpfen, gerade als die neue Schanzenanlage in Pyeongchang fertiggestellt wurde, sollte sich das ändern. Nicht etwa weil die koreanischen Skispringer internationale Erfolge verbuchen konnten, sondern weil 2009 mit *Take Off* ein Film erschienen ist, der das ganze Land in seinen Bann gezogen hat: Der Film lockte allein in den ersten vier Wochen mehr als 6 Millionen Menschen in die Kinosäle und entwickelte sich schnell zum dritterfolgreichsten Film in Korea. Der Spielfilm ist eine Mischung aus Fiktion und Realität, erzählt den Werdegang der koreanischen Skispringer und wurde über mehr als zwei Jahre nicht nur in Korea, sondern zum Teil auch während der Vierschanzentournee in

Oberstdorf gedreht. Das koreanische Skispringerquartett um Choi Heung-chul, Choi Seou, Kim Hyun-ki und Kang Chil-gu hat bei den Dreharbeiten selbst mitgewirkt.

Die Auswirkungen waren in Korea schnell zu spüren: Wenige Wochen nach Filmstart hat erstmals der Continental-Cup auf der neu gebauten Olympiaschanze in Pyeongchang Station gemacht. Die »zweite Liga der Skispringer«, deren Veranstaltungen häufig nahezu unter Ausschluss der Öffentlichkeit ausgetragen werden, hat schon 2009 mehr als 12 000 Zuschauer und rund 100 Medienvertreter ins Skisprungstadion gelockt und der zweiten Reihe der internationalen Skispringer unerwartet eine beeindruckende Kulisse beschert. Zur Begeisterung der zahlreichen Fans hat dann mit Kim Hyun-ki einer der Helden des Films unerwartet den Wettkampf gewonnen; ein besseres Drehbuch hätte selbst Filmregisseur Kim Yong-hwa kaum schreiben können.

Die teuerste Schanze der Welt?

Nicht nur in Korea, sondern auch in Peking wurde anlässlich der Olympischen Winterspiele eine moderne Schanzenanlage errichtet, die beeindruckender kaum hätte ausfallen können. Nachdem die chinesische Hauptstadt 2015 den Zuschlag für die Winterspiele 2022 erhalten hatte, begannen die Planungen nahe der 180 Kilometer nordwestlich von Peking gelegenen Stadt Zhangjiakou, wo auch die olympischen Wettbewerbe der Skilangläufer und Biathleten stattfinden sollten. Offizielle Zahlen zu den Baukosten haben die Olympiaorganisatoren in China zwar nie genannt, ursprünglich geschätzt wurden sie aber auf über 60 Millionen US-Dollar. Angesichts der beeindruckenden Anlage und der Verzögerungen von fast zwei Jahren während des Baus darf aber angenommen werden, dass die tatsächlichen Kosten deutlich höher lagen. Experten sprechen von der wahrscheinlich teuersten Schanze der Welt, teurer als der berühmte Holmenkollen in Norwegen, der für umgerechnet mehr als 200 Millionen Euro modernisiert wurde.

Besonders imposant ist die am oberen Ende des Anlaufs der beiden Schanzen angebrachte Aussichtsplattform, die sich 40 Meter über dem Berg mit einem Durchmesser von 80 Metern erstreckt und nach den Olympischen Winterspielen neben dem Aufwärmraum für die Skispringer auch ein Panoramarestaurant beherbergen soll. Die »Snow Ruyi« getaufte Schanzenanlage entwickelte sich zu einem der Wahrzeichen der Olympischen Winterspiele 2022 und soll danach als Trainingszentrum der chinesischen Skispringer dienen. Doch ob China nach den Titelkämpfen im eigenen Land wirklich nachhaltig auf das Skispringen setzt, darf bezweifelt werden.

Die große Regelrevolution

Walter Hofer stand 28 Jahre lang als Renndirektor des Internationalen Skiverbandes (FIS) an der Spitze des Skispringens. Der Österreicher, der vor 1992 auch als Assistent des damaligen Bundestrainers Rudi Tusch die deutsche Mannschaft betreut hat, gilt als Reformator, der das Skispringen in den vergangenen Jahren zu dem geformt hat, wie wir es kennen. Von 1992 bis 2020 ging es für ihn vor allem darum, den Sport für Zuschauer und Fernsehsender attraktiv zu gestalten.

Für die wohl größte Revolution sorgte Hofer 2009. Bis dahin war das Skispringen abhängig von Wetterfaktoren wie kaum eine zweite Sportart: Wehte der Wind zu stark, war die nötige Sicherheit für die Athleten nicht zu gewährleisten, war er zu wechselhaft, gab es keine Garantie für sportliche Fairness. Das schlimmste Szenario waren bis dahin die sich während eines Durchgangs verändernden Windbedingungen. Weil die besten Skispringer stets zum Schluss eines Durchgangs starten, war die Jury bei zu guten, also für die Athleten vorteilhaften Windverhältnissen gezwungen, entweder Unterbrechungen einzulegen oder den Durchgang bei verkürzter Anlauflänge neu zu starten, um dadurch zu weite und gefährliche Sprünge zu verhindern. Auch um seinem Leitsatz gerecht zu werden, ein Skisprungwettbewerb dürfe nicht länger als ein Fußballspiel dauern, hat Walter Hofer nach einer Lösung gesucht und sie gefunden. Anhand einer (zugegebenermaßen sehr komplizierten) mathematischen Formel sollte errechnet werden, wie sich eine veränderte Anlauflänge je nach Schanze auf die Weite beziehungsweise die Gesamtpunktzahl auswirkt. Damit einher geht, dass auch die Windbedingungen mittels Formel in die Gesamtpunktzahl einfließen – bei schlechtem Rückenwind erhält der Springer entsprechende Bonuspunkte, bei gutem Aufwind Punktabzüge. 2009 wurden die Kompensationspunkte für Anlauf und Wind erstmals beim Sommer-Grand-Prix getestet und danach auch im Weltcup sowie bei allen Highlights wie Olympischen Winterspielen und Weltmeisterschaften fest implementiert. Das Skispringen ist damit bis heute die einzige olympische Sportart, die auch natürliche Faktoren zur Bewertung der Leistung heranzieht.

Transparenz für die Zuschauer

Das neue System mit Wind- und Gate-Faktor wurde von vielen Skispringern und Beobachtern zunächst kritisch gesehen. War es bis dahin – mit einigen Ausnahmen durch die Haltungsnoten – die Regel, dass der Springer mit den weitesten Sprüngen gewinnt, musste dieser Grundsatz in Zukunft nicht mehr zwangsläufig gelten. In den kommenden Jahren wurde die Formel mehrfach leicht überarbeitet, um die äußeren Bedingungen möglichst realitätsnah in der Punktzahl abbilden zu können. Bis heute ist es aber die Regel, dass entsprechende Plus- oder Minuspunkte für Anlaufluke und Windbedingungen einen großen Teil zur Fairness beitragen, einen möglichen Nachteil aber nicht komplett ausgleichen. Dennoch sind die Wettbewerbe inzwischen zeitlich besser planbar, weil einzelne Wertungsdurchgänge praktisch nicht mehr neu gestartet werden müssen.

Um auch den Zuschauern an den Fernsehgeräten das neue System besser zu vermitteln, wurden im Lauf der Jahre die TV-Grafiken optimiert und beispielsweise schon vor einem Sprung um die sogenannte »To-beat-Weite« ergänzt, die angibt, welche Weite ein Springer unter den gegebenen Bedingungen erreichen muss, um die Führung zu übernehmen. Aus der entsprechenden Linie, die schon seit vielen Jahren digital bei den Übertragungen auf dem Aufsprung eingeblendet wird, wurde 2013 dann eine reale: Mittels eines speziell entwickelten Laserprojektors wird die entsprechende Weite seitdem auch für Zuschauer und Springer sichtbar auf dem Aufsprunghang der Schanzen in den Schnee projiziert. Noch während eines Sprungs kann die grüne Laserlinie unter Berücksichtigung der wechselnden Windverhältnisse genau angepasst werden. Nicht einberechnet werden hingegen die Haltungsnoten, bei denen von einem Richtwert von 18,0 ausgegangen wird.

Skispringerinnen wollen ihre Teilnahme an Olympia mit Klage erzwingen

Viele Jahre war das Skispringen eine reine Männerdomäne. Während in anderen nordischen Skisportarten wie Biathlon und Skilanglauf die Damen längst ihren eigenen Weltcup ausgerichtet hatten, fristete das Skispringen der Frauen lange ein Schattendasein. Erst seit 1999 veranstaltet die FIS internationale Wettkämpfe als den sogenannten Ladies-Grand-Prix, doch von einem Weltcup war damals noch keine Rede. »Bei der Landung zerreißt es die Gebärmutter«, hatte FIS-Präsident Gian Franco Kasper noch in den Nullerjahren argumentiert, ohne dass es dafür verlässliche Studien gegeben hätte. Nach Einführung des Continental-Cup in der Saison 2004/05 durften die Damen 2009 im tschechischen Liberec erstmals bei der Nordischen Skiweltmeisterschaft ihre Weltmeisterin küren – die US-Amerikanerin Lindsey Van trug sich damit in die Geschichtsbücher ein. Eigentlich sollte die WM-Teilnahme den Weg ins olympische Programm ebnen, doch das Internationale Olympische Komitee (IOC) entschied sich dagegen, den Damen 2010 in Kanada die ganz große Bühne zu bereiten. Daraufhin haben sich 14 Sportlerinnen zusammengeschlossen, um vor einem Zivilgericht in Vancouver gegen das Organisationskomitee zu klagen und so eine Aufnahme ins Olympiaprogramm zu erzwingen: Die Nichtteilnahme verstoße ihrer Meinung nach gegen das kanadische Antidiskriminierungsgesetz. Nach zweitägigen Beratungen wies das Gericht die Klage zurück, nicht die lokalen Veranstalter, sondern nur das IOC könne über die Wettbewerbe bei den Winterspielen 2010 entscheiden. Eine weitere Klage vor dem Obersten Gerichtshof Kanadas wurde wenige Wochen später unter großer Medienaufmerksamkeit mit derselben Begründung zurückgewiesen. Somit war das Skispringen die einzige Sportart, in der in Vancouver keine Frauen antreten durften. Erst 2014 in Sotschi fand das Damenskispringen Einzug ins olympische Programm.

Materialrevolution bei Olympia

Schon mit seinen zwei Olympiagoldmedaillen bei den Winterspielen 2002 in Salt Lake City hat sich Simon Ammann selbst zu einer der größten Skisprunglegenden gekürt. Acht Jahre später gelang dem Schweizer dann als erstem Skispringer der Geschichte der doppelte Doppel-Olympiasieg im Einzel. Gelungen ist ihm dieses bislang einmalige Kunststück auch mit einer Revolution im Materialbereich: Bis zuletzt hatte Ammann seine Erfindung geheim gehalten – erst wenige Tage vor dem Saisonhöhepunkt ging er in Klingenthal erstmals mit dem gebogenen Bindungsstab im Weltcup an den Start, nachdem er ihn monatelang und in aller Ruhe getestet hatte. Zehn Tage vor der ersten Olympiaentscheidung in Vancouver ist es dem damals 28-Jährigen gelungen, als erster Springer Gregor Schlierenzauer (Österreich) auf dessen Lieblingsschanze zu bezwingen. Spätestens von da an war allen Beobachtern klar, dass Ammann auch bei den Titelkämpfen in Kanada zu den großen Favoriten zählte.

Man muss es sich bildlich vorstellen, um zu verstehen, welch ein Coup dem Schweizer damit gelungen ist: Bis dato war es die Regel, dass ein frei bewegliches Band an der Ferse den hinteren Teil des Sprungschuhs an der Skibindung hält. Eine starre, aber leicht nach innen gebogene Stange bot Ammann hingegen den Vorteil, dass der Ski – entgegen der Physik eines Bandes – einen besseren Winkel auf das Luftpolster unter ihm ermöglicht, das heißt insgesamt eine größere Tragfläche bietet. Was nur wie ein minimaler Vorteil erscheint, hat sich in der Praxis als Erfolgsrezept bewährt: Mindestens 5 Meter mehr Sprungweite sollten laut Experten mit der neuen Bindungstechnik möglich sein. Kein Wunder also, dass gleich mehrere Mannschaften versucht haben, die neue Bindung zu adaptieren. Allen voran hat Team Österreich noch im Vorfeld der Olympiaentscheidungen versucht, ein vergleichbares Modell zu entwickeln und zum Einsatz zu bringen. Zum erhofften Erfolg hat das allerdings nicht geführt, im Gegenteil: Der Verband drohte zwar mit einem Protest, der aber schnell von den Verantwortlichen des Internationalen Skiverbandes abgewiesen wurde. »Ich sehe bei dieser Bindung keinen Regelverstoß. Ich finde keinen Passus, der dagegen spricht, diese Bindung einzusetzen«, sagte der damalige Materialkontrolleur Sepp Gratzer.

Der ruhmlose Erfinder

Als Bastian Kaltenböck die beiden Olympiatriumphe von Simon Ammann verfolgte, dürfte er nicht schlecht gestaunt haben. Denn die innovative Stabbindung des Schweizers erinnerte ihn an seine eigene Entwicklung: Schon 2007 hatte der ehemalige Skispringer die Idee, ein ganz ähnliches Modell auszutesten. Mit einem befreundeten Techniker war es ihm gelungen, ein Modell zu entwickeln, das es ebenso wie das des nun vierfachen Olympiasiegers ermöglichen sollte, die Skier während des Flugs möglichst flach in der Luft aufzustellen. Selbst profitiert hat der Salzburger von seiner revolutionären Erfindung aber nie. Toni Innauer, damals als Sportdirektor beim Österreichischen Skiverband (ÖSV) für das Skispringen zuständig, verhinderte 2009 zum Weltcupauftakt in Kuusamo einen ersten Einsatz – zu unausgereift und vielleicht sogar gefährlich sei die neue Stabbindung, und er befürchtete zudem eine mögliche Disqualifikation durch die Materialkontrolleure.

Später erklärte Kaltenböck, dass er bereits damals Böses geahnt hatte. Schon lange vor Saisonbeginn war er am Innsbrucker Bergisel der Schweizer Mannschaft begegnet, deren Servicemann Gerhard »Gatsch« Hofer die Bindung genau begutachtet hatte. Erst unmittelbar vor den Winterspielen in Vancouver hatte er eine leicht modifizierte Lösung für Simon Ammann präsentiert. Und während Ammann damit seine olympischen Goldmedaillen drei und vier gewonnen hat, war Kaltenböck nur als Vorspringer dabei und musste bei den Olympiaentscheidungen zuschauen.

Das Ende seiner aktiven Skisprungkarriere war für Kaltenböck damit besiegelt. Zumindest etwas Genugtuung erfuhr der ehemalige Skispringer nach den Titelkämpfen in Kanada: Während Kaltenböck noch für einige Tage zum Skifahren in Vancouver geblieben war, rief ihn Toni Innauer an. Der Sportdirektor hatte sich seinen Fehler eingestanden, nicht auf seine Erfindung zu setzen, und bat ihn schließlich darum, ein Modell für die österreichischen Skispringer zu entwickeln. Kaltenböck brach seinen Urlaub ab, kehrte nach Österreich zurück und hatte damit auch einen Anteil an den weiteren Erfolgen von Thomas Morgenstern und Co.

Sprungski als Werbeträger

Seitdem das Skispringen über die Medien und speziell das Fernsehen nahezu jedes Wochenende der Wintersaison ein Millionenpublikum erreicht, sind die Skispringer auch als Werbeträger für nationale und internationale Unternehmen gefragt. Fast jeder Teil der Ausrüstung enthält zumindest einen Markennamen, sei es der Helm, die Skibrille, der Sprunganzug, das Leibchen mit der Startnummer oder die Sprungskier. Doch bis zuletzt hat der Internationale Skiverband streng reglementiert, welche Marken wo stehen dürfen. Ausgerechnet die Skier, die bei jedem Sprung, bei jeder Zeitlupe, bei jeder Wiederholung im Fernsehen sekundenlang groß im Bild zu sehen sind, waren den jeweiligen Skiherstellern vorbehalten.

Es mutet schon fast wie ein Geniestreich an, wie zuerst das Flugbuchungsportal fluege.de das Werbeverbot auf Sprungskiern zu umgehen wusste. Nach langen Beratungen zwischen dem Unternehmen Unister, das das Portal betreibt, und dem ehemaligen Skispringer Dieter Thoma stand zu Beginn der Saison 2010/11 fest: fluege.de wird die Geschäftsanteile und Produktionsanlagen des einstigen DDR-Sportartikelherstellers Germina übernehmen, um zukünftig selbst Sprungskier herzustellen. Kolportierte 700 000 Euro jährlich war es dem Unternehmen wert, den eigenen Markennamen auf den Skiern platzieren zu können – und damit wohl deutlich weniger, als vergleichbare Marketingmaßnahmen auf klassischen Werbeflächen gekostet hätten.

Eine innovative Lösung, die schnell Schule gemacht hat: Nachdem mit dem österreichischen Skihersteller Fischer ein Quasimonopolist nahezu die gesamte Weltelite der Skispringer ausgestattet hatte, konnte der neue Skihersteller schnell erste Erfolge feiern. In der Zwischenzeit produzierte das Germina-Nachfolgeunternehmen S.K.I. auch Skier für das Unternehmen Verivox. Marktführer Fischer versuchte daraufhin, ein ähnliches Modell zu etablieren, fertigte zunächst Skier in Lizenz für Sport 2000 an. Erst nach langen Verhandlungen mit der FIS wurde ein vergleichbares Modell zugelassen, seitdem produziert Fischer auch für seine Schwesterfirma Löffler und das Unternehmen BWT. Nur bei Olympia dürfen lediglich die »klassischen« Skihersteller werben, weil die Logos anderer Marken mit Ausnahme offizieller Olympiasponsoren nicht zugelassen sind.

Skispringen ist auch Kopfsache

Es sind die kurios anmutenden Szenen während eines Wettkampfes, die den Zuschauern verdeutlichen, dass sich das Skispringen nicht nur in der Absprungkraft und der Technik, sondern vor allem auch im Kopf entscheidet. Unvergessen sind für viele Fans beispielsweise die Momente, wenn Martin Schmitt vor einem Sprung auf dem Anlaufturm oft die Augen schloss und willkürlich mit dem Kopf zu zucken schien. Oder der Tscheche Roman Koudelka, der während des Flugs bei weit aufgerissenem Mund die Zunge herausstreckt, ohne sich selbst dieses unterbewusste Verhalten erklären zu können.

Auch weil sie befürchten, es könnte ihnen als Schwäche ausgelegt werden, haben sich Skispringer sowie deren Trainer häufig zurückgehalten, wenn es um mentales Training beziehungsweise psychologische Betreuung ging. Als einer der Ersten ging Alexander Pointner, langjähriger Erfolgstrainer der österreichischen Mannschaft, mit dem Thema offen um, setzte für seine Athleten auf Mentaltrainer, Neurowissenschaftler und sogar Experten für Improvisationstheater. Auch der langjährige Bundestrainer Werner Schuster, selbst studierter Psychologe, holte sich Unterstützung vom Diplom-Psychologen Oskar Handow. Der Erfolg hat beiden recht gegeben: Inzwischen setzen so gut wie alle Topnationen auf die Unterstützung von Mentaltrainern oder Psychologen.

BESONDERE SKISPRINGER-PERSÖNLICHKEITEN

WAHNSINNIGE TYPEN UND EINZIGARTIGE KARRIEREN

Skisprung- und Fußballstar

Dass man Skispringen und Fußball sehr gut unter einen Hut bekommen kann, bewies Bjørn Wirkola. Mit zwei Weltmeistertiteln und drei Gesamtsiegen bei der Vierschanzentournee gehört der Norweger zweifelsohne zu den erfolgreichsten Skispringern seiner Zeit. Noch während seiner Karriere als aktiver Skispringer stand Wirkola aber auch als Stürmer bei Rosenberg Trondheim unter Vertrag. Bereits 1971 gewann er zwei Jahre nach seinem letzten Vierschanzentourneesieg mit seiner Mannschaft das norwegische »Double« (Meister und Pokalsieger in derselben Saison), erzielte die meisten Tore für seine Mannschaft und wurde mit der höchsten Auszeichnung für Sportler in Norwegen ausgezeichnet.

Ähnlich erfolgreich im Fußball war auch die österreichische Skispringerin Daniela Iraschko-Stolz, die als Torhüterin für den Innsbrucker AC und Wacker Innsbruck spielte und immerhin dreimal österreichische Vizemeisterin wurde sowie zweimal im Pokalfinale stand.

Skispringer als Fußballcoach?

Als Skispringer mit einem Weltcupsieg und einer Bronzemedaille bei den Olympischen Winterspielen 1968 in Grenoble nicht übermäßig erfolgreich, verhalf Baldur Preiml nach seiner aktiven Karriere als Cheftrainer den österreichischen Skispringern zu zahlreichen Erfolgen. Der ehemalige Skispringer aus Österreich galt ab 1974 als Revolutionär, entwickelte neue Trainingsmethoden, innovative Sprungskier und Anzüge und sorgte damit schnell dafür, dass Österreich in den 1970er-Jahren zu einer der Topnationen im Skispringen aufgestiegen ist. 1974/75 belegten unter seiner Leitung drei Österreicher die ersten drei Plätze bei der Vierschanzentournee, und auch die spätere Skisprunglegende Toni Innauer feierte seine ersten großen Erfolge unter Preiml.

Das internationale Interesse an Baldur Preiml als Cheftrainer war innerhalb kurzer Zeit immens, kurioserweise nicht nur im Skispringen: Im Alter von 36 Jahren wurde Preiml, der selbst nie aktiver Fußballer war, vom damals schwächelnden österreichischen Bundesligisten Rapid Wien als Coach angefragt. Preiml lehnte ab, weil er Chef der Skispringer bleiben wollte.

Publikumsliebling und Superstar: »Eddie the Eagle«

In die Riege der ehemaligen, aber bis heute berühmten Skispringer hat es vor allem einer geschafft – nicht obwohl, sondern gerade weil ihm die großen Erfolge immer verwehrt geblieben sind: Michael Edwards, bis heute vielmehr bekannt als »Eddie the Eagle«. Der Engländer hat mit seinem ganz eigenen Stil die Skisprungfans begeistert – eine dicke Brille stets unterhalb der Skibrille, einen Body-Mass-Index (BMI) jenseits des Optimums (1,71 Meter Körpergröße bei 82 Kilogramm Gewicht) und Platzierungen weit hinten in den Ergebnislisten.

Wohl kein Skispringer hat das olympische Motto (»Dabei sein ist alles!«) so sehr verinnerlicht wie Edwards: Um an Olympischen Spielen teilzunehmen, hat er es in vielen Sportarten versucht: Auf Pferdesport, Judo und Volleyball folgte Ski Alpin. Weil ihm das auf Dauer zu teuer wurde, blieb er den Skiern treu, wechselte allerdings die Piste gegen die Schanze und verblüffte die Zuschauer schon 1987 bei der Nordischen Ski-WM in Oberstdorf. Mit hochgerissenen Armen feierte er jeden gestandenen Sprung, als hätte er den Wettbewerb gewonnen. Auch dank seines neu aufgestellten britischen Rekords von 73,5 Metern gewährte ihm das Nationale Olympische Komitee der Briten die Teilnahme an den Winterspielen 1988 in Calgary, wo er schnell zum Publikumsliebling und Medienhelden wurde. Obwohl er sowohl auf der Normalschanze als auch auf der Großschanze jeweils den letzten Platz belegte, war »Eddie« die Aufmerksamkeit der Zuschauer und der Presse gewiss. Als der damalige IOC-Präsident Juan Antonio Samaranch bei der Abschlussfeier davon sprach, dass die Athleten »Weltrekorde gebrochen, persönliche Bestleistungen aufgestellt« hätten »und einer wie ein Adler geflogen« sei, skandierten die 100 000 Zuschauer im Stadion »Eddie, Eddie!«, gemeint war eigentlich der damals herausragende Matti Nykänen.

Noch lange Zeit profitierte Edwards auch finanziell von seinem plötzlichen Ruhm: Mit Werbeverträgen, Fernsehauftritten, einem Buch (*On the Piste*) und einigen Singles (u. a. »Fly Eddie Fly!«) soll er allein im Jahr seiner Olympiateilnahme rund 400 000 englische Pfund und teilweise bis zu 1000 Pfund pro Stunde eingenommen haben. Das IOC erließ nach Calgary die auch als »Eddie the Eagle Rule« bezeichneten, verschärften Voraussetzungen für die Olympiaqualifikation. Schon 1992 in Albertville durfte Edwards nicht mehr an den Winterspielen teilnehmen.

Absturz nach dem Höhenflug

Sportlich gesehen ist Matti Nykänen zweifelsohne einer der ganz großen Skispringer der Geschichte, wenn nicht der größte: Insgesamt 46 Weltcupsiege verbuchte der Finne zwischen 1981 und 1989, wurde erst 2013 von Gregor Schlierenzauer überholt. Darüber hinaus kann er auf viermal Olympiagold, sechs Weltmeistertitel, zwei Vierschanzentournee- sowie vier Gesamtweltcupsiege zurückblicken.

Nach dem sportlichen Höhenflug folgte jedoch der private Absturz: Nach seinem Karriereende versuchte sich der Finne vergeblich als Popsänger und Stripper, doch in die Schlagzeilen der internationalen Medien geriet er vor allem wegen zahlreicher Eskapaden. 2004 soll der Ex-Skispringer unter Alkoholeinfluss einen Freund nach einem Streit ums Fingerhakeln niedergestochen haben und wurde daraufhin zu 26 Monaten Haft verurteilt. Nach 13 Monaten auf Bewährung entlassen, soll er bereits nach 103 Stunden in Freiheit seine Frau Mervi im Alkoholrausch mit einem schweren Gegenstand verletzt haben. Weil diese aber keine Anzeige gegen ihren Ehemann erstatten wollte, kam Nykänen schnell wieder aus der U-Haft. Doch damit kein Ende: 2006 sowie 2009 wurde der ehemalige Skispringer, der nach heutigen Erkenntnissen an ADHS gelitten hat, wegen Misshandlung seiner Frau und einer Messerattacke erneut zu vier beziehungsweise 16 Monaten Haft verurteilt. Aus Geldnot hatte er zwischenzeitlich seine Goldmedaillen für rund 50 000 Euro an ein Museum in Helsinki verscherbelt.

Bereits 2003 veröffentlichte Nykänen seine Biografie unter dem treffenden Titel *Grüße aus der Hölle*, 2006 wurde sein Leben verfilmt. Zu seinem 50. Geburtstag im Jahr 2013 sagte Nykänen noch, er habe sein Leben wieder im Griff. Doch auch in den folgenden Jahren soll er auf Alkohol nicht verzichtet haben und ist 2019 verstorben.

Eine Karriere, zwei Welten

Schon im Alter von nur 19 Jahren machte Jens Weißflog in der Saison 1983/84 deutlich, dass das (ost-) deutsche Skispringen einen neuen Vorzeigeathleten hatte. Mit drei von vier Tagessiegen – nur zum Auftakt in Oberstdorf wurde er Zweiter – gewann der Oberwiesenthaler zum ersten Mal die Vierschanzentournee und wurde schnell ernst zu nehmender Konkurrent des bis dahin dominierenden Matti Nykänen. In dieser Saison sollte der Skispringer, der wegen seiner schmächtigen Statur auch »Floh vom Fichtelberg« genannt wurde, dann Geschichte schreiben: Nach seinem Tourneetriumph gewann Weißflog auch Olympiagold und zugleich den Weltmeistertitel in Sarajevo sowie mit sieben Weltcupsiegen zum ersten (und einzigen) Mal den Gesamtweltcup. Weil die Olympischen Winterspiele zugleich als Weltmeisterschaft gewertet wurden, war der erst 19-Jährige damit nicht nur der erste Skispringer, der die vier wichtigsten Titel im Skispringen gewonnen hat, sondern bis heute auch derjenige, dem dies innerhalb des kürzesten Zeitraums gelungen ist.

Bis zu seinem Rücktritt im Jahr 1996 sollten zwei weitere olympische Goldmedaillen 1994 in Lillehammer, insgesamt drei Goldmedaillen bei Weltmeisterschaften und vier Gesamtsiege bei der Vierschanzentournee folgen. Mindestens ähnlich hoch einzuschätzen wie die sportlichen Erfolge ist aber der Umstand, dass Weißflog sich über insgesamt zwölf Jahre an der internationalen Weltspitze behaupten konnte – und das in zwei unterschiedlichen Systemen: Weißflog gewann sowohl als Skispringer der DDR als auch ab 1990 für das wiedervereinigte Deutschland. Selbst die Umstellung der Sprungtechnik vom Parallel- zum V-Stil konnte den 33-fachen Weltcupsieger – anders als viele seiner Konkurrenten – nicht längerfristig zurückwerfen.

Seit seinem Karriereende betreibt Weißflog in seiner Heimatstadt Oberwiesenthal ein Hotel. Die 19 Apartments und Suiten in dem Gebäude, das früher dem Stasichef Erich Mielke als Gästehaus gedient hatte, thematisieren die sportlichen Stationen des Skispringers. Bis 2011 war er außerdem als Skisprungexperte beim ZDF tätig.

Absturz des Alles-Gewinners

Kometenhaft ist Toni Nieminen 1991 in die internationale Weltelite der Skispringer aufgestiegen. Im Alter von erst 16 Jahren dominierte der Finne das Skispringen nach Belieben. Kurz nach der Umstellung vom Parallel- auf den V-Stil, der vielen Athleten zunächst Probleme bereitet hatte, gewann Nieminen praktisch alles, was es in der Saison 1991/92 zu gewinnen gab: Nach dem Sieg bei der Vierschanzentournee folgte Doppel-Gold bei den Olympischen Winterspielen von Albertville, dazu eine Bronzemedaille sowie später auch der Gewinn des Gesamtweltcups. Mit Siegen in Oberstdorf, Innsbruck und Bischofshofen wäre dem jungen Skispringer schon damals fast der sogenannte »Grand Slam« geglückt – nur beim Neujahrsspringen in Garmisch-Partenkirchen ist er um hauchdünne 0,6 Punkte am Tagessieg gescheitert.

Praktisch über Nacht wurde Nieminen zum Nationalhelden Finnlands. Bis heute ist der Finne jeweils jüngster Vierschanzentournee-, Gesamtweltcup- und Olympiasieger der Geschichte. Nicht einmal volljährig, hätte Nieminen vor allem dank lukrativer Sponsorenverträge theoretisch ausgesorgt gehabt.

Praktisch landete der Alles-Gewinner der Saison 1991/92 aber schnell wieder auf dem Boden der Tatsachen: Nieminen, der auch als Turner erfolgreich war und sogar finnischer Vizemeister wurde, legte schnell weniger Wert aufs Skispringen, sondern vielmehr auf schnelle Autos, Frauen und Alkohol. Seine Betreuer hatten sich zwar bemüht, ihn vor einem ähnlichen Schicksal wie dem des Matti Nykänen zu bewahren, doch an die alten Erfolge konnte Nieminen mit Ausnahme des ersten Flugs über 200 Meter im März 1994 nie mehr anknüpfen. 2016, dann schon im Alter von 40

Jahren, versuchte er sich bei den finnischen Meisterschaften erfolglos an einem Comeback. Wegen finanzieller Probleme und um sich vor der Obdachlosigkeit zu retten, hatte er 2017 seine olympischen Medaillen versteigert. Inzwischen soll sich der ehemalige Skispringer, der am Ende immerhin auf neun Weltcupsiege zurückblicken kann, wieder gefangen haben.

Aus dem Hafen gefischt

Im Jahr 2006 stand er plötzlich ganz oben auf dem Skisprung-Olymp. Wenige Wochen nachdem er zum ersten und danach auch einzigen Mal einen Weltcup gewonnen hatte, sicherte sich Lars Bystøl eher überraschend die Goldmedaille von der Normalschanze bei den Olympischen Winterspielen in Turin. Lange Zeit sah es aber nicht danach aus, als würde es der Skispringer aus Norwegen einmal so weit bringen. Wegen seines exzessiven Alkoholgenusses verschaffte sich Bystøl zuvor eher einen zweifelhaften Ruf in der Szene: 2001 war der Skispringer nach einer Veranstaltung mit 2,38 Promille betrunken Auto gefahren, wanderte deshalb für 24 Tage ins Gefängnis. Nachdem er mit einem Taxifahrer in Streit geraten war, weil er dessen Rechnung nicht bezahlen wollte, wurde er vom Verband für einen Weltcup ausgeschlossen. Der bekannteste Vorfall ereignete sich aber im Herbst 2003: Damals musste Bystøl mit einem Kieferbruch von einem Freund und zwei Wächtern aus dem Hafenbecken von Oslo gefischt werden – beim Sturz war er mit dem Kopf gegen einen Bootssteg gestoßen, erneut war er betrunken. Der norwegische Verband hat Bystøl danach in den B-Kader verbannt und die Zuschüsse für zwei Monate gestrichen. »Ich verspreche, mich zu bessern, aber ich kann nicht sagen, dass ich nie mehr Bier trinken werde«, sagte der Norweger im Anschluss. Erst nach seinem Olympiasieg verlor Bystøl wegen Alkohol am Steuer erneut den Führerschein, bevor er 2009 anlässlich eines Dopingtests während eines nationalen Wettbewerbs in Norwegen nach Cannabiskonsum positiv auf THC getestet und für vier Monate gesperrt wurde. Der Olympiasieg 2006 sowie zwei weitere Bronzemedaillen in Turin sollten die letzten großen Erfolge des Norwegers bleiben.

Alkohol, Sex und Pöbeleien

Gemeinsam mit seinen Mannschaftskollegen gewann Harri Olli bei der Skiflug-WM 2008 in Oberstdorf die Silbermedaille. Eigentlich ein Grund, das Ende der Titelkämpfe zu feiern – nicht aber so für Harri Olli, jedenfalls nicht gemeinsam mit seiner Mannschaft: Anstatt bei der offiziellen Mannschaftsfeier in Oberstdorf anwesend zu sein, soll Olli Sex mit zwei Frauen gehabt und anschließend betrunken vor seinen Teamkollegen damit geprahlt haben. Der damals 22-jährige

Skispringer aus Finnland wurde daraufhin suspendiert, seinen Teamchef soll er nach seiner Rückkehr nach Finnland vor Journalisten als »Wichser« bezeichnet haben.

Olli wurde daraufhin gesperrt, durfte für den Rest der Saison keine weiteren Wettbewerbe für Finnland bestreiten. Man könne nicht akzeptieren, dass sich der Skispringer aus dem Mannschaftshotel entfernt habe und volltrunken vor die Medien getreten sei, begründete der Verband. Mit ähnlichen Skandalen war in Finnland zuvor vor allem der langjährige Erfolgsspringer Matti Nykänen aufgefallen. Auf die Frage, ob er versuche, »ein neuer Nykänen« zu werden, antwortete Olli nur: »Ich versuche, das zu vermeiden.«

Zur Saison 2008/09 durfte Harri Olli in die Mannschaft zurückkehren und feierte mit drei Einzel- und zwei Teamweltcupsiegen die größten Erfolge seiner Karriere. Nachdem er zu Beginn der Weltcupsaison 2010/11 erneut suspendiert worden war, weil er der Jury während des Wettbewerbs den Mittelfinger gezeigt hatte, konnte er nicht mehr an frühere Erfolge anknüpfen. In der Zwischenzeit hatte sein persönlicher Trainer Kimmo Kykkänen die Zusammenarbeit mit Olli beendet, weil er »als Trainer nichts am Charakter des Springers ändern« könne.

Wie Adam Małysz zum Nationalhelden wurde

In keinem anderen Land hat sich das Skispringen in den vergangenen Jahren, ja inzwischen sogar Jahrzehnten, zu einem solchen Massenphänomen entwickelt wie in Polen. Auslöser der landesweiten Begeisterung für die »Könige der Lüfte« war Adam Małysz. Nach anfänglichen Erfolgen Mitte der Neunziger war der Skispringer mit dem markanten Oberlippenbart lange Zeit nur durchschnittlich, bis er 2000/01 unerwartet zum ersten (aber auch einzigen) Mal die Vierschanzentournee gewonnen hat. Mit unglaublichen 104,4 Punkten Vorsprung auf den zweitplatzierten Janne Ahonen (Finnland) hält Małysz bis heute den Rekord des deutlichsten Tourneesieges und wurde fortan vor allem bei den Weltcups im polnischen Zakopane frenetisch von den Fans gefeiert.

In den nächsten Jahren sollten dem gelernten Dachdecker insgesamt vier Weltmeistertitel und vier Gesamtweltcupsiege zu ungeahnter Popularität verhelfen. Sogar den so beliebten Papst Johannes Paul II., ebenfalls Pole, kannten in Małysz' Heimatland laut Umfragen nicht so viele Menschen wie den Skisprungstar. Auch weil er in der Zwischenzeit gelernt hatte, fast perfektes Deutsch zu sprechen, wurde er im deutschsprachigen Ausland immer populärer. Und das, obwohl er sich vor allem zu Beginn der Nullerjahre regelmäßig Duelle mit Sven Hannawald und Martin Schmitt geliefert hat.

Besonders kurios: Meterhohe Zäune sollten Małysz' Anwesen seit seiner plötzlichen Popularität weniger vor Einbrechern, vielmehr vor den Fans schützen. Denn zum Höhepunkt der »Małyszmania« karrten Busunternehmen täglich unzählige Fans vor das Haus des Skispringers. Auch wenn Małysz während der Skisprungsaison selbst nicht zu Hause war, verteilten stattdessen seine Ehefrau und seine Mutter Autogrammkarten an die Schaulustigen.

Nach seinem Karriereende 2011 startete Małysz dreimal bei dem Langstreckenrennen Rallye Dakar, wurde anschließend Sportdirektor der polnischen Skispringer und verantwortet seit 2022 als Präsident des polnischen Skiverbandes auch die weiteren Skisportler in Polen.

Stoch tritt in Małysz' Fußstapfen

Dass Małysz einen derartigen Skisprung-Hype in Polen ausgelöst hat, lag auch daran, dass polnische Sportler zu jener Zeit international nur selten zur absoluten Weltelite gezählt hatten. In den nächsten Jahren sollte sich das ändern, als allen voran die polnische Fußballnationalmannschaft um Superstar Robert Lewandowski sich 2018 erstmals wieder für die WM qualifizieren konnte. Dass das Skispringen in den polnischen Medien weiterhin präsent ist wie kaum eine andere Sportart, ist vor allem Kamil Stoch zu verdanken.

Nach den Erfolgen von Adam Małysz war es Stoch, der praktisch nahtlos in die Fußstapfen des Nationalhelden getreten ist und noch wenige Wochen vor dessen Rücktritt seine ersten Weltcupsiege gefeiert hat. Vor Beginn der Saison 2022/23 kann der Pole mit 39 Weltcupsiegen auf exakt genauso viele Erfolge zurückblicken wie sein langjähriges Vorbild. Was Małysz aber nie gelungen ist, hat Stoch 2014 in Sotschi gleich zweimal und 2018 in Pyeongchang einmal geschafft: Olympiasieger. Mit außerdem zwei Weltmeistertiteln, zwei Gesamtweltcupsiegen und drei Vierschanzentourneesiegen, darunter der »Grand Slam« 2017/18, zählt er zu jenen fünf Athleten (neben Espen Bredesen, Thomas Morgenstern, Matti Nykänen und Jens Weißflog), die alle vier wichtigen Wettbewerbe im Skispringen gewonnen haben. In Sachen Popularität steht Stoch heute seinem Vorbild Małysz in nichts nach. Bei der Wahl zum Sportler des Jahres hat er gleich zweimal den späteren Weltfußballer Lewandowski hinter sich gelassen. Bei deren Zusammentreffen anlässlich eines Skiflug-Weltcups in Oberstdorf hat der Skispringer dem langjährigen FC-Bayern-Spieler übrigens zu einem Wechsel zum FC Liverpool, Stochs Lieblingsverein, geraten.

Nach seinen zahlreichen Erfolgen hat die polnische Post dem Skispringer schon dreimal eine eigene Briefmarke gewidmet, auch eine Straße ist inzwischen nach ihm benannt. Gemeinsam mit seiner Ehefrau und Managerin Ewa Bilan-Stoch entwirft und vermarktet er außerdem unter dem Label Kamiland eine eigene Modemarke für Winterbekleidung. Im polnischen Skisprungmekka Zakopane ist dem Skispringer sogar ein eigenes Museum gewidmet. Stoch, eine Erfolgsgeschichte, die noch nicht zu Ende erzählt ist.

Rücktritt vom Rücktritt vom Rücktritt …

Mit 36 Weltcupsiegen, fünf Weltmeistertiteln und ebenso vielen Vierschanzentourneesiegen sowie zwei Olympiamedaillen ist Janne Ahonen einer der erfolgreichsten Skispringer aller Zeiten.

Wenige Wochen nachdem er 2008 zum letzten Mal und als erster Skispringer der Geschichte überhaupt zum fünften Mal die Vierschanzentournee gewonnen hatte, verabschiedete sich der schweigsame Finne von der internationalen Skisprungbühne und verkündete seinen Rücktritt. Doch die sogenannten Dragsterrennen (professionelle Autorennen mit mehreren 1000 PS auf gerader Strecke), die Ahonen schon während seiner Skisprungkarriere in den Sommermonaten regelmäßig absolviert hatte, waren ihm nicht genug: Schon ein Jahr nach seinem Rücktritt verkündete er sein Comeback, belegte daraufhin den zweiten Platz bei der Vierschanzentournee und trat nach einer enttäuschenden Saison 2010/11 erneut zurück. »Endgültig«, wie er sagte, um zwei Jahre später ein weiteres Mal zurückzukehren. Ziel war diesmal die

Teilnahme an den Olympischen Winterspielen 2014 in Sotschi, bei denen er sich aufgrund zwischenzeitlicher Veränderungen im Materialbereich gute Chancen ausgerechnet hatte. Doch auch danach konnte er es noch immer nicht lassen, kehrte im Januar 2017 zum dritten Mal in den Skisprung-Weltcup zurück und schaffte es anschließend 2018 in Pyeongchang als zweiter Skispringer nach Noriaki Kasai (acht Teilnahmen) zum siebten Mal zu den Olympischen Winterspielen – das war noch keinem finnischen Sportler zuvor gelungen. Wie bereits 20 Jahre zuvor in Nagano wurde dem Ausnahmetalent die Ehre zuteil, während der Eröffnungsfeier die finnische Flagge ins Stadion zu tragen. Doch der erhoffte Olympiasieg ist Ahonen auch diesmal verwehrt geblieben, woraufhin er zum vierten Mal (!) seine Karriere für offiziell beendet erklärt hat.

Vier weitere Jahre sind ins Land gezogen, bis Ahonen im Januar 2022 überraschend bei den finnischen Meisterschaften in seiner Heimatstadt Lahti eine Art Mini-Comeback feierte. »Nur zum Spaß«, sagte der inzwischen 44-Jährige, bevor er sich sensationell die Bronzemedaille gesichert hat. Dennoch: »Niemand muss sich Sorgen machen, dass ich bei den Olympischen Spielen in Peking springen werde.«

Publikumsliebling trotz Drogenskandal

Mit drei Gesamtweltcup- und zwei Vierschanzentourneesiegen, insgesamt 20 Weltcupsiegen, zwei Olympia- und insgesamt sieben WM-Medaillen ist Andreas Goldberger zweifelsohne einer der größten – und populärsten – Skispringer der vergangenen Jahre. Die Schlagzeilen hat der Österreicher zumindest für einige Wochen Ende der 1990er-Jahre aber nicht nur mit sportlichen Erfolgen, sondern auch mit einem handfesten Drogenskandal dominiert.

Nach einer umfangreichen Hausdurchsuchung musste der Skisprungstar in einem Interview im ORF zugeben: Ja, er habe Kokain konsumiert, aber nur einmal. Zuvor hatte ein inhaftierter Drogendealer behauptet, der in der Alpenrepublik so populäre Skispringer hätte regelmäßig Kokain gekauft. Was folgte, war eine wochenlange Berichterstattung über den mutmaßlichen Drogenkonsum Goldbergers. Der ÖSV hat mit einer knapp sechsmonatigen Sperre wegen Doping reagiert und ihm kurz darauf die Lizenz entzogen. Daraufhin wollte Goldberger für Jugoslawien an den Start gehen, habe – zumindest laut Medienberichten – zwischenzeitlich sogar die serbische Staatsbürgerschaft angenommen. Am Ende blieb Goldberger nach einer medienwirksamen Versöhnung doch beim ÖSV, konnte zunächst aber nicht mehr an frühere Erfolge anknüpfen. Erst als der inzwischen bei einem tragischen Verkehrsunfall verstorbene Alois Lipburger das Amt des Cheftrainers übernommen hatte, fand »Goldi«, wie die Fans ihn gerufen haben, zurück in die Erfolgsspur, gewann mit der Mannschaft bei der WM 2001 in Lahti Gold sowie Bronze und wurde noch einmal Fünfter des Gesamtweltcups. Spätestens seit seinem Karriereende 2006 war sein Drogenskandal schnell vergessen, Goldberger blieb Publikumsliebling in Österreich – auch als Vorspringer mit Helmkamera sowie Co-Kommentator im österreichischen Fernsehen.

Der Harry Potter der Lüfte

Als »Harry Potter der Lüfte« wurde Simon Ammann nicht nur in seiner Schweizer Heimat, sondern sogar weltweit bekannt. Es war 2002, als Ammann als einer der Mitfavoriten zu den Olympischen Winterspielen ins US-amerikanische Salt Lake City gereist ist. Dass er im Kampf um die Medaillen mitmischen konnte, war nach drei Podiumsplätzen im Weltcup zuvor gewiss, klarer Topfavorit war er dennoch nicht. Doch beim Höhepunkt der Saison war der damals 21-Jährige nicht zu schlagen. Nachdem er sich als erster Schweizer Skispringer der Geschichte schon zum Olympiasieger von der Normalschanze gekürt hatte, folgte wenige Tage später auch die Goldmedaille auf der Großschanze. Ein neuer Skisprungstar war geboren: Wegen seiner schlanken Figur, der schmalen Brille und nicht zuletzt des silbernen Mantels erinnerte der Schweizer an die von Joanne K. Rowling erfundene Figur der gleichnamigen Romanreihe *Harry Potter*. Seine unverhoffte Popularität nach den beiden Goldmedaillen in Salt Lake City brachte Ammann die Titelseite der renommierten *New York Tim*es ein, Fernsehauftritte in den populären US-Talkshows von David Letterman und Jay Leno sowie bei der von Thomas Gottschalk moderierten Show *Wetten, dass..?* Gegen die Vergleiche mit dem Helden aus der Romanreihe habe er nichts: »Das Gute daran war, dass Harry Potter auf der ganzen Welt bekannt ist. In Amerika hat mir das eine ungeheure Popularität verschafft«, sagte Ammann einmal in einem *Welt*-Interview.

Nach Jahren, die von teils heftigen Formschwankungen geprägt waren, erreichte Ammann in Vancouver 2010 dann das, was zuvor keinem Skispringer der Geschichte gelungen ist: Auch dank der revolutionären Materialentwicklung des sogenannten gebogenen Bindungsstabs, der in der internationalen Skisprungszene auch in den nächsten Jahren noch für Diskussionen sorgen sollte, kürte sich der Schweizer Skisprungstar acht Jahre nach seinem ersten Megaerfolg in Kanada erneut zum doppelten Olympiasieger. Bis heute ist der Publikumsliebling, der vier WM-Medaillen (darunter eine goldene), einen Weltmeistertitel im Skifliegen und 23 Weltcupsiege auf seinem Konto verzeichnen kann, damit der erfolgreichste Sportler der Schweiz bei Olympischen Winterspielen. Trotz des inzwischen fortgeschrittenen Alters von 41 Jahren hat Ammann seine Karriere noch nicht beendet und steht vor seiner 26. Weltcupsaison.

Springendes One-Hit-Wonder

Auf eine der außergewöhnlichsten Skispringerkarrieren der vergangenen Jahre kann Thomas Diethart zurückblicken. Es ist nicht abwertend, zu behaupten, dass der Österreicher ein One-Hit-Wonder auf Sprungskiern war. Denn was Skisprunglegenden wie Martin Schmitt oder Simon Ammann nie gelungen ist, schaffte er in der Saison 2013/14 ebenso unerwartet für Experten wie auch für ihn selbst: Nach knapp drei Jahren ohne einen einzigen Weltcupeinsatz und Teilnahmen nur an niedrigklassigen Wettbewerben belegte Diethart in Engelberg den vierten und sechsten Platz, wenige Tage vor der Vierschanzentournee, bei der seine große Stunde schlagen sollte. Mit Platz 24 im Gesamtweltcup weiterhin als Außenseiter nach Oberstdorf gereist, landete er beim Auftaktspringen erstmals in seiner Karriere auf dem Weltcuppodium. Bei den weiteren Tourneestationen in Garmisch-Partenkirchen und Bischofshofen folgten dann seine ersten beiden Weltcupsiege, nur in Innsbruck ist ihm der Sprung unter die besten drei nicht gelungen. Am Ende wurde Diethart sensationell Sieger der 62. Vierschanzentournee.

Doch ebenso unerwartet, wie er den größten Erfolg seiner Karriere gefeiert hat, ist Diethart im Anschluss wieder im Mittelmaß versunken: Zwar feierte er in derselben Saison in Sotschi mit der Mannschaft noch Olympiasilber, doch die beiden Siege von Garmisch-Partenkirchen und Innsbruck sollten die einzigen seiner Karriere bleiben. Selbst auf dem Podium ist Diethart seitdem nicht mehr gelandet und hat seine Karriere 2018 nach zwei schweren Stürzen und einer längeren Verletzungspause schon im Alter von 26 Jahren beendet. Nach einer Trainerausbildung und einer Verpflichtung als Assistenztrainer beim Deutschen Skiverband startete der Österreicher zur Saison 2021/22 ein Comeback als Skispringer, konnte aber nicht an die alten Erfolge anknüpfen und blieb ohne weiteren Weltcupeinsatz. Seit seinem endgültigen Rücktritt im Dezember 2021 arbeitet er als Assistent von Österreichs Damen-Cheftrainer Harald Rodlauer.

Vogt, immer wieder Vogt

Sie landet nach 97,5 Metern, zittert vor der Verkündung des Ergebnisses im Auslauf und bricht danach am Fuß der Olympiaschanze von Sotschi tränenüberströmt vor Freude zusammen: Am 11. Februar 2014 hat sich Carina Vogt ihren Lebenstraum erfüllt und sich in die Geschichtsbücher als erste Olympiasiegerin im Skispringen eingetragen. Dass dies der

Athletin aus Schwäbisch Gmünd gelingen sollte, hat sie selbst im Vorfeld wohl genauso wenig erwartet wie alle Beobachter des Damen-Skispringens, war doch die japanische Seriensiegerin Sara Takanashi klare Topfavoritin. Vogt hingegen hatte zuvor noch nie einen Weltcup gewonnen.

Es war zweifellos der größte Erfolg der deutschen Skispringerin, die ihre aktive Karriere inzwischen beendet hat, doch es sollte bei Weitem nicht der einzige bleiben: Trotz ihrer beiden ersten und am Ende einzigen Weltcupsiege zu Beginn des Jahres 2015 ist erneut nicht Vogt, sondern Takanashi als Topfavoritin zur Nordischen Ski-WM ins schwedische Falun gereist. Doch während die Japanerin erneut Nerven gezeigt hat und ohne Edelmetall geblieben ist, sichert sich Vogt die Goldmedaille im Einzel und legt mit der Mixed-Mannschaft wenige Tage später die zweite Goldmedaille hinterher. Zwei Jahre später, ohne weiteren Weltcupsieg in der Zwischenzeit, wiederholt Vogt auch in Lahti 2017 dieses Kunststück, gewinnt erneut zweimal Gold. Vogt, immer wieder Carina Vogt: Sobald ein Großereignis auf dem Plan stand, war auf die Schwäbin Verlass. Als erste Olympiasiegerin und fünfmalige Weltmeisterin hat sie Skisprunggeschichte geschrieben.

Der Flugsaurier

Als er seinen (vorerst) letzten Weltcup bestritten hat, war er bereits 47 Jahre alt: Noriaki Kasai ist einer der beeindruckendsten Skispringer der Geschichte. Bis heute populär ist der Japaner nicht nur wegen seiner zahlreichen Erfolge – drei Olympia- und sieben WM-Medaillen sowie zwei Gesamtsiege bei der Vierschanzentournee –, sondern weil er allen Naturgesetzen des Sports zu widersprechen scheint. Schon mit 16 Jahren trat er im Weltcup erstmals im Parallelstil gegen Skisprunglegenden wie Dieter Thoma oder Matti Nykänen an. Während Letzterer wohl auch aufgrund seines Lebenswandels bereits verstorben ist, hat sich der Japaner mit 47 Jahren im V-Stil noch mit Kamil Stoch (Polen) oder seinem 25 Jahre jüngeren Landsmann Ryōyū Kobayashi gemessen.

Der von diversen Medien treffend als »Flugsaurier« bezeichnete Kasai blickt auf unglaubliche 569 Weltcupteilnahmen im Einzel zurück. Zum dritten Mal landete er 2020 damit im Guinness-Buch der Rekorde, in das er zuvor bereits mit seinen 13 WM-Einsätzen und acht Olympiateilnahmen aufgenommen wurde. Letzterer Rekord wurde erst 2022 von der deutschen Eisschnellläuferin Claudia Pechstein eingestellt, dürfte so schnell aber nicht übertroffen werden. Einmalig war sein Auftritt 2016 beim Weltcupfinale im slowenischen Planica, als er bei seinem 500. Einzelwettbewerb mit der Sonderstartnummer 500 an den Start ging. Den letzten seiner insgesamt 17 Einzelweltcupsiege feierte der Japaner im November 2014 als 42-Jähriger im finnischen Kuusamo, als ältester Weltcupsieger aller Zeiten, versteht sich. Und noch immer will Kasai nicht Schluss machen, träumt weiterhin von der Teilnahme (und einer Goldmedaille) bei den Olympischen Winterspielen 2026 in Mailand und Cortina d'Ampezzo. Dann wäre der »Flugsaurier« schon 54 Jahre alt.

Der fliegende Klempner

Jeder kennt die Geschichte vom Tellerwäscher, der durch harte Arbeit zum Millionär wird. Im Fall eines norwegischen Skispringers müsste sie heißen: vom Klempner zum Vierschanzentourneesieger. Wohl kaum ein Skispringer hat in den vergangenen Jahren einen ähnlich rasanten und unerwarteten Aufstieg hingelegt wie Anders Jacobsen. Seit seinem achten Lebensjahr war er Skispringer, doch die ganz großen Ambitionen hatte er lange nicht – bis in den Sommer 2006 ging der Athlet aus der norwegischen Kleinstadt Hønefoss nur in den niedrigklassigen Wettkampfserien des Continental-Cup und des FIS Cup an den Start und hat hauptberuflich als Klempner gearbeitet. Doch dann erkannte Norwegens langjähriger Erfolgstrainer Mika Kojonkoski sein Talent und nahm ihn unter seine Fittiche. Im Alter von 21 Jahren kam er zu Beginn der Saison 2006/07 zu seinem ersten Weltcupeinsatz und landete direkt auf dem Podium. Bei seiner ersten Vierschanzentourneeteilnahme sollte seine große Stunde schlagen: In Oberstdorf und Garmisch-Partenkirchen noch knapp am Podest vorbeigeschrammt, feierte er in Innsbruck den zweiten Weltcupsieg seiner Karriere und krönte sich gerade einmal sechs Wochen nach seinem Weltcupdebüt beim Finale in Bischofshofen zum sechsten Tourneesieger aus Norwegen. Wieder einmal war es Chefcoach Kojonkoski gelungen, einen Skispringer aus dem Mittelmaß an die Weltspitze zu führen – und er hat damit aus einem Klempner einen neuen Volkshelden in Norwegen geschaffen. Fast jeder dritte Norweger hat Jacobsens letzten Sprung damals live im Fernsehen verfolgt. Bis zu seinem Rücktritt 2015 hat der »fliegende Klempner« sieben WM-Medaillen, eine Olympiamedaille und zehn Weltcupsiege im Einzel gefeiert.

Das Jahrhunderttalent

Als Gregor Schlierenzauer im Alter von nur 16 Jahren sein Weltcupdebüt feierte, war schnell klar, dass er zu den wohl talentiertesten Skispringern der vergangenen Jahre zählen sollte. Wenige Tage nachdem er sich 2006 zum Juniorenweltmeister gekürt hatte, erzielte der Tiroler bei seiner Premiere in Oslo schon erste Weltcuppunkte. Es sollte nicht einmal ein Jahr vergehen, bis Schlierenzauer gut einen Monat vor seinem

17. Geburtstag den ersten Weltcupsieg seiner Karriere feierte – als fünftjüngster Springer der Geschichte, dem das gelungen ist. Von da an hat der Teenager vom SV Innsbruck-Bergisel das internationale Skispringen praktisch nach Belieben dominiert: Als 19-Jähriger gewann er erstmals den Gesamtweltcup, als 22-Jähriger die Vierschanzentournee, und schon mit 23 Jahren überbot er den bisherigen Rekord von Matti Nykänen mit 47 Weltcupsiegen.

Doch die Karriere des einstigen Jahrhunderttalents lässt sich in zwei Hälften teilen: Denn nachdem er schon mit 24 Jahren seine insgesamt 53 Weltcupsiege beisammenhatte, stürzte Schlierenzauer in ein mentales Tief, kämpfte mit Veränderungen im Materialsektor, zahlreichen Verletzungen sowie einem Kreuzbandriss, den er sich ausgerechnet beim Skifahren und nicht beim Skispringen zugezogen hatte. Jahr für Jahr versuchte der Tiroler, in die Weltspitze zurückzufinden, engagierte sogar den langjährigen Bundestrainer Werner Schuster, der Schlierenzauer bereits in dessen Jugendzeiten am Skigymnasium in Stams betreut hatte. Doch auch das half nichts: Nachdem er vom Österreichischen Skiverband in der Kadereinteilung für die Saison 2021/22 nicht mehr berücksichtigt wurde, gab Schlierenzauer im September 2021 seinen Rücktritt bekannt. Den Rekord mit den meisten Weltcupsiegen wird ihm so schnell aber keiner entreißen können.

Skispringer als Lokführer

Auf der Skisprungschanze abgehoben, im privaten Leben auf dem Boden geblieben: Als Skispringer hat Matti Hautamäki immerhin 16 Einzelweltcups und diverse Olympia- und WM-Medaillen gewonnen, doch sein großer Kindheitstraum waren nie die Erfolge im Skispringen. Nachdem er das finnische Skispringen über mehrere Jahre maßgeblich geprägt hatte, konnte Hautamäki nach seinem Karriereende im März 2012 das realisieren, wovon er schon seit Kindheitstagen geträumt hatte: Nach seinem Rücktritt begann er eine Ausbildung zum Lokomotivführer und arbeitet bis heute in diesem Beruf.

Slowenische Skispringerdynastie

Dass zwei Brüder gemeinsam im Skispringen um Weltcuppunkte kämpfen, war in der Vergangenheit keine Seltenheit; wie aktuell der Japaner Ryōyū Kobayashi und sein älterer Bruder Junshirō gemeinsam von Schanze zu Schanze reisen, haben in den Nullerjahren bereits Jussi und sein wesentlich erfolgreicherer Bruder Matti Hautamäki aus Finnland vorgemacht. Doch eine regelrechte Skispringerdynastie, wie die Prevc-Familie sie bildet, gab es zuvor noch nie: Angeführt vom Vierschanzentournee- und Gesamtweltcupsieger Peter Prevc, messen sich auch dessen jüngere Brüder Domen und Cene regelmäßig auf den

Schanzen der Welt. Dass nicht nur einer, sondern alle drei Brüder das Zeug zu Weltklasseathleten haben, wurde spätestens im Dezember 2015 deutlich, als Domen im schweizerischen Engelberg hinter Peter Prevc erstmals auf dem Podest gelandet ist. Den einzigartigen Flugstil des jüngsten der Prevc-Brüder bewundern die einen und fürchten die anderen: Wohl kein anderer Skispringer bildet mit seinen Skiern ein derart breites V und eine derart nach vorne gebeugte Körperhaltung, dass sich der Kopf regelmäßig unterhalb der Skispitzen befindet. »Domen hat das Gen der Angst nicht«, sagte Norwegens Chefcoach Alexander Stöckl einmal und sorgte sich um die Gesundheit des Slowenen, sollte er einmal einen Sturz erleiden.

In ihrer slowenischen Heimat sind die Prevc-Brüder heute schon Stars. Was Peter und Domen Prevc bereits gelungen ist, steht Cene wohl noch bevor: Ein Weltcupsieg ist dem mittleren der drei Brüder bislang noch verwehrt geblieben. Genauso übrigens wie ihrer Schwester Nika, die seit 2021 ebenfalls im Weltcup der Damen aktiv ist.

Skisprungexoten schreiben Geschichte

In rund 30 Ländern weltweit wird das Skispringen professionell betrieben, in nur wenigen davon finden regelmäßig Weltcups oder andere internationale Wettbewerbe statt. Doch hin und wieder mischen sich in den Weltcup auch Skispringer aus Ländern, in denen der Sport keinen besonders hohen Stellenwert genießt: Was »Eddie the Eagle« für Großbritannien war, ist Fatih Arda İpcioğlu für die Türkei. Auch wenn er sich selbst nicht mit dem Engländer vergleichen will, kann der türkische Skispringer durchaus als einer der Exoten des Skispringens bezeichnet werden. Im Februar 2017 debütierte İpcioğlu im Weltcup, musste aber bis 2021 warten, bis er als erster Türke der Geschichte die Qualifikation überstanden und wenig später bei der Vierschanzentournee in Oberstdorf sogar erste Weltcuppunkte gesammelt hat. Als Aushängeschild des türkischen Wintersports nahm er bereits 2018 an den Olympischen Winterspielen in Pyeongchang teil, wo er sogar Fahnenträger während der Eröffnungsfeier war. Anders als »Eddie the Eagle« will İpcioğlu aber nicht nur dabei, sondern auch sportlich erfolgreich sein – und nebenbei auch andere Türken für seinen Sport begeistern. »In der Türkei schauen viele kleine Kinder zu und wollen so sein wie ich«, sagte er nach seinen ersten Weltcuppunkten 2021.

Nicht ganz so exotisch wie İpcioğlu mutet die Karriere von Nico Polychronidis an: Der ehemalige Skispringer startete bis 2012 für den SC Oberstdorf, hatte es in der starken deutschen Mannschaft aber schwer, einen Platz in der Weltcupmannschaft zu ergattern. Weil sein Vater aus Griechenland kommt, wechselte er (zumindest auf dem Papier) zum griechischen Skiclub Drama und konnte ab 2012/13 unter griechischer Flagge im Weltcup an den Start gehen – für ein Land also, in dem noch nie eine Skisprungschanze stand. Polychronidis ist zwar stets ohne Weltcuppunkte geblieben, konnte aber überraschend nach den Nordischen Skiweltmeisterschaften 2014 auch bei den Olympischen Winterspielen in Sotschi an den Start gehen.

Aus dem Koma aufs oberste Treppchen

Am 25. März 2021 stand die Skisprungwelt für einen kurzen Moment still: Als amtierender Weltmeister war Daniel-André Tande einer der großen Favoriten beim Skiflug-Weltcup im slowenischen Planica. Doch im Probedurchgang des ersten Wettkampftages verlor der Norweger kurz nach dem Absprung das Gleichgewicht und prallte nach 78 Metern mit voller Wucht auf den harten Aufsprunghang auf. Nachdem er den steilen Hang der berühmten Letalnica-Skiflugschanze hinuntergerutscht war, blieb er regungslos liegen und für zwei bis drei Minuten ohne Puls, bis es den Sanitätern gelungen war, ihn wiederzubeleben. Vier Tage lang lag der damals 27-Jährige danach mit Gehirnblutungen im künstlichen Koma, durfte aber nach gut zweieinhalb Wochen das Krankenhaus wieder verlassen – und arbeitete danach fieberhaft an seiner Rückkehr auf die Skisprungschanze.

Unglaublich, aber wahr: Ohne Erinnerungen an einen der fatalsten Stürze, den die Skisprungszene je gesehen hat, kehrte Tande keine vier Monate später wieder zurück auf die Skisprungschanze. Und schon weniger als ein Jahr nach dem Horrorsturz landete der Norweger wieder (tränenüberströmt) auf dem obersten Siegertreppchen eines Skisprung-Weltcups, ausgerechnet am berühmten Holmenkollen, der ältesten Schanze und Wiege des Skispringens, unter den Augen seiner Mutter Trude und denen des norwegischen Königs. »Das ist krank, völlig krank und ergibt keinen Sinn«, versuchte der in der Szene so beliebte Skispringer seine Emotionen in Worte zu fassen und sprach vom bisher schönsten Ereignis seines Lebens.

Genesung im Rekordtempo

Neben Daniel-André war auch Thomas Morgenstern besonders geübt darin, nach schweren Stürzen und teils besorgniserregenden Verletzungen wieder möglichst schnell auf die Skisprungschanzen zurückzukehren. Schon im Alter von nur 17 Jahren stürzte der österreichische Skispringer beim Weltcupauftakt im nordfinnischen Kuusamo schwer und überschlug sich mehrmals auf dem Aufsprunghang. Wie durch ein Wunder kam er nur mit Prellungen am ganzen Körper, Schnittwunden und einer Gehirnerschütterung davon. Rechtzeitig zur Vierschanzentournee meldete sich der Kärntner einen Monat später wieder fit und belegte in Oberstdorf auf Anhieb den zweiten Platz.

Am Ende stand Rang vier der Tourneegesamtwertung zu Buche.

Besonders geprägt haben den langjährigen Erfolgsgaranten der österreichischen Mannschaft aber die Stürze in der Olympiasaison 2013/14. Nach einem Sturz in Titisee-Neustadt gelang Morgenstern bei der Vierschanzentournee trotz eines gebrochenen Fingers und diverser Prellungen der zweite Platz der Gesamtwertung. Fataler war aber kurz darauf ein deutlich schwererer Sturz auf der Kulm-Skiflugschanze in Tauplitz/Bad Mitterndorf, nach dem er mit einer Schädelverletzung und einer Lungenquetschung auf die Intensivstation aufgenommen werden musste. Noch deutlich gezeichnet von seinem Unfall, verkündete der Skispringer noch im Krankenhaus während einer viel beachteten Pressekonferenz, seine Karriere nicht beenden, sondern stattdessen zu den bevorstehenden Olympischen Winterspielen 2014 nach Sotschi reisen zu wollen. Dort schaffte er es in das österreichische Quartett für die Teamentscheidung und feierte gemeinsam mit seinen Mannschaftskollegen die Silbermedaille hinter den deutschen Skispringern. Nach den Winterspielen beendete Morgenstern die Saison vorzeitig und gab einige Monate später sein Karriereende bekannt. Der Kärntner begründete diesen Schritt auch mit der psychischen Belastung nach den beiden schweren Stürzen: »Ich habe alles darangesetzt, wieder mein Selbstvertrauen zu finden und dorthin zurückzukommen, wo ich einmal war. Aber das ist mir nicht gelungen.«

KURIOSES AUF UND ABSEITS DER SCHANZE

WETTKÄMPFE UND EREIGNISSE, DIE IN ERINNERUNG BLEIBEN

Sprung auf den Friedhof?

Rund 160 000 Besucher besichtigen jährlich die Bergiselschanze in Innsbruck. Kein Wunder, schließlich gilt die dritte Station der alljährlichen Vierschanzentournee als eine der architektonisch schönsten Skisprungschanzen der Welt. Was für die etablierten Skispringer aber längst zur Gewohnheit geworden ist, mutet die meisten Touristen immer noch unheimlich an: Direkt vom Anlaufbalken aus blicken die Skispringer nicht nur in den berühmt-berüchtigten »Hexenkessel«, wo mehr als 20 000 Zuschauer Jahr für Jahr für eine beeindruckende Stimmung sorgen, oder genießen das Alpenpanorama mit den schroffen Felsflanken der Nordkette und den imposanten Bergen in der Umgebung, sondern sie schauen ebenso auf einen der größten Friedhöfe der Tiroler Landeshauptstadt. Was für die Skispringer des SV Innsbruck-Bergisel längst Alltag ist, lässt kaum einen Touristen kalt: Wer sich hier hinunterwagt, riskiert im schlimmsten Fall nach der Landung auf der Schanze den direkten Weg auf den benachbarten Friedhof.

Welches Feuerwerk?

Am 19. Mai 2001 feierten die Tourneeorganisatoren ihre 50. Tourneetagung auf historischem Boden: Auf der Seegrube oberhalb von Innsbruck, wo die Vierschanzentournee gegründet wurde, fand zum Abschluss der Tagung ein prächtiges Feuerwerk statt. Unten in Innsbruck feierten am selben Tag Tausende Fußballfans die Meisterschaft des 1. FC Tirol, allerdings in dem Irrglauben, das Feuerwerk sei aus diesem Anlass gezündet worden. Der Fußballverein zeigte sich großzügig und übernahm kurzerhand die Hälfte der Kosten für das Spektakel.

Manager beweist Gespür

Als Skispringer selbst meist nur im Mittelfeld gelandet, hat Eduard »Edi« Federer nach seiner aktiven Karriere als Manager das richtige Gespür bewiesen. Nach seinem Rücktritt hat sich der Österreicher selbstständig gemacht, zunächst mit einer Firma für Verpackungen und Werbeartikel, danach trat er vor allem als Sportmanager in Erscheinung. Durch seine langjährige Freundschaft mit Red-Bull-Eigentümer Dietrich Mateschitz vermittelte Federer zunächst Andreas Goldberger einen lukrativen Sponsorenvertrag. Für den Hersteller von Energydrinks, der sich inzwischen längst auf aufwendige Marketingmaßnahmen im Spitzensport spezialisiert hat, war der Skispringer einer der ersten Athleten, die dank Federer unter Vertrag genommen wurden.

Nur wenig später übernahm der Österreicher auch die Verantwortung für die gesamte polnische Mannschaft, im Speziellen für Adam Małysz, der bis dahin noch weitgehend unbekannt war, kurz darauf aber ebenfalls für den Energydrink-Produzenten an den Start ging. Die einst finanziell schwächer gestellten Polen konnten dank Federers Mithilfe und der des neuen Małysz-Sponsors fortan sogar im Privatjet um die Welt reisen.

Stolz berichtete der inzwischen an der Nervenkrankheit ALS verstorbene Ex-Skispringer und Manager einmal davon, welche Popularität Małysz in Verbindung mit seinem neuen Sponsor in Polen erreicht hatte: Bestellten Menschen in einer polnischen Diskothek einen »Adam«, bekamen sie ein Red-Bull-Getränk serviert. Verlangten sie einen »Adam Małysz«, erhielten sie ein Glas Red Bull mit Wodka.

Betrunken zum Weltrekord?

Es war der 20. März 2005, als Janne Ahonen beim Saisonfinale im slowenischen Planica 240 Meter weit geflogen ist und damit zumindest theoretisch einen neuen Weltrekord aufgestellt hat. Doch die finnische Skisprunglegende kommt bei dem Versuch zu Sturz, wehrt sich daraufhin mit Händen und Füßen gegen eine Kontrolle im Krankenhaus.

Den Grund für die ungewöhnliche Reaktion nach seinem durchaus schweren Sturz nennt Ahonen erst Jahre später in seiner Biografie *Königsadler – Mein Leben als Skispringer*. Darin schildert der sonst so wortkarge Finne, wie er mit Teamkollege Risto Jussilainen tags zuvor 24 Dosen Bier gekippt hatte. Daraufhin befürchtete er, dass von den Ärzten im Krankenhaus große Mengen Restalkohol festgestellt würden. Den Weltrekord sicherte sich am selben Tag Norwegens Bjørn Einar Romøren, der bei seinem Flug auf ebenfalls beeindruckende 239 Meter kam.

Auch wenige Jahre später, 2008 in Zakopane, gingen laut Ahonen er und seine Teamkollegen betrunken an den Start. Wie er in seiner Biografie schildert, sei der damalige Cheftrainer Tommi Nikunen zwar sehr wütend gewesen, habe aber auf eine Teilnahme seiner Athleten bestanden. »Man sollte wissen, dass die Finnen keine Ausnahme sind. Auch die Springer anderer Nationen trinken manchmal Alkohol, um mit dem Druck klarzukommen«, sagte Ahonen in einem Fernsehinterview.

Skispringen auf der großen Hollywoodbühne

Nachdem er sich 1989 bei einem Sturz in Innsbruck das Schlüsselbein gebrochen hatte, waren Michael Edwards weitere Teilnahmen an Großveranstaltungen verwehrt geblieben. 1992 meldete der Engländer trotz weiterhin bestehender Werbeaktivitäten Privatinsolvenz an und kehrte trotz eines zwischenzeitlich abgeschlossenen Jurastudiums sogar wieder in seinen alten Beruf als Maurer zurück. Im Jahr 2002 hat er schließlich die Rechte an der Verfilmung seiner Biografie verkauft und brachte das Skispringen 2016 erstmals auf die Kinoleinwände der Welt: Regisseur Dexter Fletcher verfilmte seine Lebensgeschichte unter dem Titel *Eddie the Eagle – Alles ist möglich* und engagierte hochkarätige Schauspieler wie Hugh Jackman und Taron Egerton.

Edwards selbst bezeichnete die Darstellung seiner Person durch Egerton zwar als »unheimlich ähnlich«, doch der Film entspreche nur zu »etwa fünf Prozent« der historischen Wirklichkeit. Offensichtliche Fehler wie falsche Schauplätze – die Szenen wurden zum größten Teil in Deutschland (Oberstdorf und Garmisch-Partenkirchen) sowie Österreich (Seefeld) gedreht – dürften den meisten Skisprungfans aufgefallen sein, insgesamt kam der Film bei Kritikern aber dennoch gut an. Allein in Deutschland hat die Produktion immerhin rund 250 000 Besucher in die Kinosäle gelockt.

Tragischer Unglücksfall überschattet Weltcupwinter

Der Weltcupwinter 2000/01 wurde von einem tragischen Verkehrsunfall überschattet. Unmittelbar vor der Nordischen Ski-WM im finnischen Lahti verunglückte der in der Skisprungszene so beliebte und sympathische österreichische Cheftrainer Alois Lipburger bei der Heimfahrt vom Weltcup in Willingen mit dem Auto tödlich. Mit im Auto saßen neben dem Cheftrainer auch die Skispringer Andreas Widhölzl sowie am Steuer Martin Höllwarth, der auf glatter Fahrbahn bei Füssen im Allgäu die Kontrolle über den Wagen verloren hat und gegen zwei Bäume geprallt war.

Ermittlungen gegen Höllwarth wurden nach einem Gutachten zur Klärung der Unfallursache eingestellt. Nur wenige Tage nach dem tragischen Unglück – unter der Leitung des vorherigen Sportdirektors Toni Innauer als interimsmäßiger Cheftrainer – gewann Höllwarth in Lahti WM-Gold und -Bronze mit der Mannschaft sowie Bronze im Einzel. Die Skispringer gingen ebenso wie die übrigen Wintersportler Österreichs bei den folgenden Wettkämpfen nach dem Unglück mit Trauerflor an den Start.

Zwei Sieger, zwei Autos

Bis heute historisch war die 54. Ausgabe der Vierschanzentournee im Jahr 2005/06: Mit Janne Ahonen aus Finnland und Jakub Janda aus Tschechien lagen zwei Athleten nach den acht Wertungssprüngen punktgleich an der Spitze. Zahlreiche Fernsehsender, so auch RTL in Deutschland, gingen nach dem letzten Sprung direkt in die Werbepause und verkündeten das historisch einmalige Ergebnis erst nach minutenlanger Verspätung. Der Autohersteller Nissan, damals einer der Hauptsponsoren der Tournee, hatte neben dem eigentlichen Siegerpreisgeld ein Auto im Wert von rund 35 000 Euro für den Sieger ausgelobt. Innerhalb weniger Minuten musste also eine Entscheidung getroffen werden: Am Ende erhielten beide eines.

Ex-Bundestrainer als ewiger Rekordhalter

Als Skispringer sind Werner Schuster die ganz großen Erfolge ausgeblieben, doch in seiner späteren Karriere als Trainer – zuerst als Nachwuchstrainer in Österreich, danach als Cheftrainer in der Schweiz und Deutschland – feierte er umso größere Erfolge. Insbesondere auf eine seiner sportlichen Leistungen ist der ehemalige Bundestrainer bis heute vor allem stolz: Auf der Skiflugschanze Copper Peak im US-amerikanischen Ironwood sprang Schuster mit 158

Metern den Schanzenrekord. Weil die Schanzenanlage nach diesem Wettbewerb stillgelegt wurde, ist er gemeinsam mit seinem österreichischen Landsmann Matthias Wallner bis heute ewiger Rekordhalter. Dass die Schanze nun nicht nur reaktiviert, sondern zudem deutlich vergrößert werden soll, gefällt Schuster folglich nicht: »Ein schönes Zeichen für das US-Skispringen, etwas ärgerlich für mich«, sagte der Mann aus dem Kleinwalsertal einmal schmunzelnd.

Skandalspringer machen gemeinsame Sache

Es mutete fast wie ein Scherz an, was finnische Medien 2013 verbreitet haben: Harri Olli, der nach diversen Skandalen zwei Jahre zuvor seine Karriere beendet hatte, wolle auf die Schanze zurückkehren – und das ausgerechnet mit der Hilfe von Matti Nykänen. Dass Nykänen eigentlich genug Sachverstand im Skispringen haben sollte, ist kaum von der Hand zu weisen, doch in den vorangegangenen Jahren war der dominierende Skispringer der 1980er-Jahre vor allem durch seine Alkoholeskapaden, Körperverletzungen und Gefängnisstrafen in die Schlagzeilen geraten. Sein Landsmann Olli stand dem in nichts nach, fiel schon während seiner aktiven Karriere als impulsiver Charakter auf, der dem Alkohol ebenfalls nicht abgeneigt war. Wegen Körperverletzung und mehrerer Verkehrsdelikte wurde er wenige Wochen vor Bekanntwerden seiner Comebackpläne zu einer Gefängnisstrafe von viereinhalb Monaten verurteilt.

Mit der Teilnahme an den Olympischen Winterspielen 2014 in Sotschi war das Ziel durchaus ambitioniert, doch die Allianz der beiden Skandalnudeln war schon beendet, bevor es richtig losging. Vor allem gesundheitliche Probleme machten die Pläne zu Ollis Comeback zunächst zunichte. Doch nicht zuletzt weil das Skispringen in Finnland zu diesem Zeitpunkt am Boden lag, gelang ihm in der Saison 2014/15 der Weg zurück in den Weltcup. Dem finnischen Skispringer, der immerhin WM-Silber und drei Einzelweltcups gewonnen hat, gelang es allerdings nicht mehr, an alte Erfolge anzuknüpfen. Im Alter von 31 Jahren hat Olli seine Karriere endgültig beendet.

Dreischanzentournee statt Vierschanzentournee

Die Bergiselschanze ist inzwischen berühmt-berüchtigt bei der Vierschanzentournee. Oft fällt hier bei der dritten Station die Vorentscheidung im Kampf um den Gesamtsieg – nicht nur weil sie als besonders knifflig gilt, sondern auch weil der Wind in dieser exponierten Lage oberhalb von Innsbruck häufig stark und vor allem wechselhaft weht. Erst bei der 56. Ausgabe der Veranstaltung in der Saison 2007/08 kam es dabei zu dem Novum, dass der Wettkampf abgesagt werden musste. Der Föhnwind, der hier Anfang Januar regelmäßig im Tal auftritt, war so stark und unberechenbar, dass aus der Vierschanzentournee sozusagen eine Dreischanzentournee geworden ist. Wegen des eng getakteten Zeitplans und aus logistischen Gründen musste das dritte Springen also in Bischofshofen nachgeholt werden, wo tags darauf auch traditionell das Finale am Dreikönigstag stattfindet. Auch weil die Bergiselschanze bis heute nicht mit einer Flutlichtanlage ausgestattet ist und der Start somit nicht in die Abendstunden verschoben werden kann, ist auch 2021/22 das dritte Springen der Tournee dem Wind zum Opfer gefallen. Trotz der inzwischen langen Geschichte der Vierschanzentournee wurde zwar zweimal auf nur drei Schanzen gesprungen, der Gesamtsieger wurde aber immerhin in vier unterschiedlichen Wettbewerben ermittelt.

Blackout zum Tourneeauftakt

Ausgerechnet das Auftaktspringen der Vierschanzentournee im Jahr 2015/16 hätte beinahe in einem Fiasko geendet: Der Start der wohl bedeutendsten Veranstaltung der Skispringer abseits von Olympischen Winterspielen musste fast verschoben werden, weil ein Stromausfall in Oberstdorf die Technik in der Skisprungarena lahmgelegt hatte. Schlimmer noch als die nicht funktionierenden Leinwände, Anzeigetafeln und der Lift war die Situation direkt am Schanzenturm: Wie an den meisten modernen Skisprungschanzen wird dort die Anlaufspur technisch heruntergekühlt, statt auf Schnee fahren die Skispringer auf einem dünnen Eisfilm den Schanzenturm hinunter.

Erst nach längerer Verzögerung wurden die Zuschauer im Stadion per Megafon über die Situation informiert, nach fast 90 Minuten folgte dann die erlösende Nachricht: In der 10 000-Einwohner-Gemeinde wurde zuerst das örtliche Krankenhaus wieder ans Stromnetz angeschlossen, danach das Skisprungstadion, in dem die über 13 000 Fans auf den Start der Qualifikation gewartet hatten.

Westerwald statt Upland

Willingen ist seit vielen Jahren nicht mehr aus dem Kalender der Skispringer wegzudenken. Der Kult-Weltcup ist bei Skispringern ebenso beliebt wie bei den Fans, Jahr für Jahr sorgen Zehntausende Zuschauer für ausgezeichnete Stimmung an der Mühlenkopfschanze. Als RTL sich 1999 erstmals die Übertragungsrechte an den deutschen Weltcupstationen gesichert hatte, hätte das Spektakel beinahe ohne Moderator Günther Jauch stattfinden müssen. Die Gemeinde mit ihren 6000 Einwohnern liegt im Norden Hessens im sogenannten Upland, dem hessischen Teil des ansonsten westfälischen Hochsauerlandes, und ist auch außerhalb des Skisprungwochenendes als Tourismusregion überregional bekannt. Die damaligen Navigationssysteme kannten aber meist nur das gleichnamige 300-Seelen-Dorf im Westerwald, wohin sich neben Jauch auch der ehemalige Boxweltmeister Henry Maske verirrt hat. »Dort gibt's eigentlich nur eine Tankstelle, und die wissen inzwischen Bescheid, was sie den Leuten sagen müssen, die dort stranden«, erinnert sich Willingens Organisationschef Jürgen Hensel. Glück im Unglück: Das eine Willingen liegt vom anderen »nur« rund 120 Kilometer entfernt. Anders als das baden-württembergische Villingen-Schwenningen, wohin sich die bulgarische Mannschaft in früheren Zeiten verfahren hat.

Null-Meter-Sprung

Zu einem Sturz der besonderen Art kam es 2004 im polnischen Zakopane. Wolfgang Loitzl verhakte sich beim Weltcup mit dem rechten Ski am Anlaufbalken, kam zu Sturz und rutschte auf dem Rücken die Anlaufspur hinunter. Die *Bild*-Zeitung berichtete damals vom »Schanzen-Depp«, der mit seinem kuriosen Sturz auch dafür gesorgt hat, dass der Wettkampf für einige Zeit unterbrochen werden musste, weil die Anlaufspur wieder neu hergerichtet werden musste. Der österreichische Skispringer selbst, der seine Karriere inzwischen beendet hat, kann heute darüber lachen.

Immerhin durfte Loitzl nach seinem ersten Versuch mit einer Weite von null Metern seinen Sprung wiederholen.

Dass eine solche Situation nicht nur für Lacher sorgen, sondern auch gefährlich sein kann, zeigen zwei Beispiele aus dem Skispringen der Frauen: Norwegens Topskispringerin Maren Lundby ereilte ein ähnliches Missgeschick 2019 beim Training in Lillehammer, sie blieb aber im Gegensatz zu Loitzl nicht vor dem Schanzentisch stehen, sondern stürzte hinunter, zog sich dabei eine Gehirnerschütterung zu und musste einige Wettkämpfe aussetzen.

Renndirektor greift zur Motorsäge

Es liegt in der Natur der Sache, dass die Zuschauer beim Skispringen insbesondere auf weite Flüge hoffen. Doch wenn es zu weit geht, kann das schnell gefährlich werden. Besonders deutlich wurde das beim Weltcupauftakt der Saison 2007/08, als Österreichs »Superadler« um Thomas Morgenstern und Gregor Schlierenzauer im finnischen Kuusamo auf Weitenjagd gingen. Erst erzielte Morgenstern mit 146,5 Metern einen neuen Schanzenrekord, dann legte Schlierenzauer 147 Meter nach. Doch weil die Athleten schon aus Luke 3, also mit vergleichsweise wenig Anlauf angefahren waren, waren unkonventionelle Lösungen gefragt, um bei starkem Aufwind noch weitere Sprünge zu verhindern: FIS-Renndirektor Walter Hofer höchstpersönlich griff damals kurzerhand zur Motorsäge und verkürzte den Schanzentisch um gut 50 Zentimeter, noch bevor der zweite Durchgang gestartet wurde. Der kürzere Anlauf sollte nicht nur eine geringere Anfahrtsgeschwindigkeit, sondern gleichzeitig auch eine flachere Flugkurve bewirken. Eine ungewöhnliche Maßnahme, die zwar Erfolg hatte, im Nachgang aber auch für Diskussionen gesorgt hat, weil sich die Athleten während des laufenden Wettbewerbs nicht auf die neuen Gegebenheiten einstellen konnten. »Wie die darauf gekommen sind, weiß ich auch nicht. Man springt ja an der Kante ab und weiß, wo sich diese befindet. Auf einmal ist sie nicht mehr da«, sagte der damalige DSV-Skispringer Michael Neumayer und sprach von einem »mulmigen Gefühl« vor seinem zweiten Sprung.

Zu derselben Maßnahme musste die Jury auch 2012 in Willingen greifen. Damals war man bereits in der untersten Startluke angekommen, hatte also keinen Spielraum mehr, den Anlauf weiter zu verkürzen. Obwohl man den Schanzentisch gleich um 60 Zentimeter gekürzt hatte, kam der damalige Sieger Anders Bardal aus Norwegen mit 145,5 Metern selbst aus der untersten Anfahrtsluke noch einen halben Meter über die sogenannte Hillsize-Weite. Erst im Jahr darauf wurde die Willinger Mühlenkopfschanze nicht nur mit einem neuen Sprungrichterturm, sondern auch mit zehn weiteren Anfahrtsluken im Anlauf ausgestattet, um ähnliche Maßnahmen in Zukunft zu verhindern.

Eklat zum Weltcupauftakt

Den Auftakt in die Weltcupsaison 2013/14 haben die meisten Beobachter noch in guter Erinnerung. Erstmals fanden die ersten Wettbewerbe des Olympiawinters nicht etwa im winterlichen Norden Finnlands statt, sondern auf Kunstschnee mitten in Sachsen. Und obwohl die Veranstalter in Klingenthal alles gegeben hatten, um den weltbesten Skispringern optimale Bedingungen in der modernen Vogtland-Arena zu bieten, machte das Wetter den Beteiligten einen Strich durch die Rechnung. Die Fernsehbilder zeigten damals wild gestikulierend ausgerechnet den besten Springer des vergangenen Winters, Gregor Schlierenzauer, der wenige Minuten vor seinem Sprung im Aufwärmraum am Schanzenturm mit dem damaligen österreichischen Cheftrainer Alexander Pointner telefonierte. In Absprache mit Pointner entscheidet sich der Gesamtweltcupsieger des Vorwinters, nicht die Anlaufspur, sondern den Lift auf dem Weg nach unten zu wählen – zu gefährlich seien die starken und wechselhaften Winde über dem Aufsprunghang. Nachdem der Wettbewerb beendet war, legte die österreichische Mannschaft von Cheftrainer Pointner Protest gegen die Wertung ein, der von der Jury jedoch abgelehnt wurde. »Die Windbedingungen hätten einen Start zugelassen«, urteilten die Verantwortlichen des Internationalen Skiverbandes.

Erdrutsch zerstört Skisprungzentrum

Anlässlich der Winter-Universiade 2011 wurden über 20 Millionen Euro in ein Skisprungzentrum investiert, das das erste und einzige seiner Art in der Türkei sein sollte. Ausgestattet mit einer Groß- und einer Normalschanze sowie drei Nachwuchsschanzen, sollte das hochmoderne Skisprungzentrum im Anschluss an die auch als »Winterspiele der Studenten« bekannte Veranstaltung dem türkischen Nachwuchs dazu verhelfen, in der internationalen Skisprungszene Fuß zu fassen. Doch im Juli 2014 hat ein massiver Erdrutsch einen Großteil der Anlage völlig zerstört – ein Gutachten hat ergeben, dass Baufehler zu dem Unglück geführt haben, bei dem wie durch ein Wunder keine Personen zu Schaden gekommen sind. Nach mehr als zweieinhalb Jahren Bauzeit wurde die Schanzenanlage bis 2017 wieder neu errichtet.

Fair Play trotz Konkurrenz

Für Špela Rogelj hätte das Weltcupwochenende in Sapporo im Januar 2015 beinahe im Fiasko geendet: Als Gesamtweltcupführende nach Japan gereist, drohte der slowenischen Skispringerin ein punktloses Wochenende. Weil ihr Material nicht rechtzeitig eingetroffen war, hätte sie bei den beiden Wettbewerben nicht an den Start gehen können. Ausgerechnet Daniela Iraschko-Stolz, die direkt hinter Rogelj auf dem zweiten Platz der Weltcupgesamtwertung lag, lieh ihrer slowenischen Konkurrentin kurzerhand ihre Skier. Dafür wurde die österreichische Skispringerin in Baku sogar mit dem Europäischen Fair Play Award der Europäischen Fair Play-Bewegung ausgezeichnet.

Fataler Sturz endet im Rollstuhl

Der Job der Vorspringer bei den großen Skisprungveranstaltungen ist kaum hoch genug einzuschätzen. Zu Beginn jedes Wettkampfes gehen sie an den Start, um die aktuellen Bedingungen zu testen und der Jury einen Anhaltspunkt für eine geeignete Anlauflänge für die Wertungsdurchgänge zu geben. Einer der Athleten, die diese Aufgabe – in der Regel übrigens ehrenamtlich oder gegen eine geringe Aufwandsentschädigung – regelmäßig übernommen haben, war Lukas Müller. Der österreichische Skispringer wurde dreimal Juniorenweltmeister (davon einmal im Einzel), konnte im Weltcup aber keine großen Erfolge feiern. Der Job als Vorspringer bei der Skiflug-WM im Januar 2016 hat nicht nur seine Karriere als aktiver Skispringer beendet, sondern sein ganzes Leben auf drastische Weise verändert: Bei einem schweren Sturz zog sich der Skispringer aus Villach eine schwere Wirbelsäulenverletzung zu und sitzt seitdem mit einer inkompletten Querschnittslähmung im Rollstuhl.

Besonders bitter für Müller: Viele Monate musste er darum kämpfen, dass sein Sturz als Arbeitsunfall anerkannt wurde und er entsprechende Entschädigungen erhielt. Eine Klage gegen den Österreichischen Skiverband (ÖSV), der zuvor von einem »Freizeitunfall« gesprochen hatte, hat Müller im Mai 2019 gewonnen und ist damit bis an sein Lebensende finanziell abgesichert. Von einer ÖSV-Versicherung hatte Müller zuvor zwar bereits 480 000 Euro erhalten, doch nur ein anerkannter Arbeitsunfall deckt die lebenslangen Folgekosten ab. Der ÖSV sprach nach dem Urteil von einem möglichen Präzedenzfall, der Auswirkungen auf den gesamten Sport in Österreich haben könnte.

Olympiapremiere wird zum Desaster

Die Premiere des Mixed-Team-Springens bei den Olympischen Winterspielen 2022 in Peking sollte auch den Skispringerinnen endlich die verdiente Aufmerksamkeit verleihen. Und tatsächlich wurde es ein Wettkampf für die Geschichtsbücher, der den Skisprungfans aber negativ in Erinnerung bleiben wird.

Bei der Teamentscheidung, bei der die Sprünge von jeweils zwei Skispringerinnen und Skispringern gemeinsam in die Wertung einfließen, wurden gleich fünf Athletinnen der Topnationen wegen angeblich irregulärer Sprunganzüge disqualifiziert. Die deutsche Skispringerin Katharina Althaus bekundete – wie ihre ebenso betroffenen Konkurrentinnen aus anderen Nationen –, mit demselben Material am Start gewesen zu sein wie bei den vorangegangenen Weltcupwettbewerben. Die Teams machten stattdessen ungewöhnlich scharfe Materialkontrollen und eine besonders strenge Auslegung des Reglements für die Disqualifikationen verantwortlich, denn ausgerechnet bei Olympia kam bei den Skispringerinnen erstmals auch der für die Herren verantwortliche Materialkontrolleur der FIS zum Einsatz. Mit Slowenien hat zwar die schon im Vorfeld favorisierte Mannschaft Gold gewonnen, der Kampf um die weiteren Medaillen wurde aber zur Farce – denn nach den Disqualifikationen waren die übrigen Topmannschaften im Kampf um Edelmetall schlichtweg chancenlos. Mit Blick auf die Zukunft hat die FIS ein überarbeitetes Konzept für die Materialkontrolle angekündigt.

Deutsche Betreuerin wird zur Olympiaheldin

Vor allem in Japan gelangte bei den Olympischen Winterspielen 2022 eine Person zu Ruhm und Ehre, die mit dem sportlichen Geschehen auf der Skisprungschanze höchstens passiv zu tun hatte. Theresia Schuster arbeitete in Peking eigentlich als Physiotherapeutin für die deutschen Skispringerinnen und Skispringer, doch nach dem Disqualifikationsdrama während der olympischen Premiere des Mixed-Team-

Springens wurde sie zur gefeierten Heldin – dank einer Geste, die eigentlich selbstverständlich wirkt: Als Sara Takanashi von ihrer Disqualifikation erfuhr, vergoss sie noch im Auslauf der Schanze bittere Tränen. Schnell machte in den sozialen Netzwerken ein Video die Runde, auf der Schuster der in Japan so populären Skispringerin den Arm um die Schulter legte und ihr ein Taschentuch reichte. Ein japanisches Fernsehteam machte sich auf die Suche nach der unbekannten deutschen Betreuerin und wurde schnell fündig. Und so wurde Theresia Schuster auch Tage nach der skandalträchtigen Olympiapremiere in japanischen Medien für ihr Mitgefühl gefeiert.

Skandal um Holmenkollen-Einweihung

Ein Jahr vor Eröffnung der Nordischen Ski-WM am weltberühmten Holmenkollen in Oslo führte schon die Eröffnung der umgebauten Skisprungschanze zu einem Politikum in Norwegen. Für etwa 1,8 Milliarden norwegische Kronen (über 200 Millionen Euro) wurde das Wahrzeichen der Hauptstadt im Vorfeld der Titelkämpfe aufwendig modernisiert und galt als die mit Abstand teuerste Skisprungschanze der Welt. Den ersten offiziellen Sprung sollte Skispringerin Anette Sagen absolvieren – so wollten es jedenfalls die Fans, die für sie in einem Onlinevoting abgestimmt hatten.

Ursprünglich sollten Nachwuchsathleten mit Testsprüngen die richtige Anlauflänge für Sagen herausfinden, doch am Vorabend der offiziellen Einweihung erschien dann Bjørn Einar Romøren an der Schanze. Der damalige Skiflug-Weltrekordhalter ist in Norwegen zwar ähnlich populär wie Sagen, hatte in der Abstimmung aber hinter der damals besten norwegischen Skispringerin den zweiten Platz belegt. Doch während Sagen nach einem Wettkampfwochenende noch im Flugzeug zurück in ihre norwegische Heimat saß, schnallte sich Romøren die Sprungskier an und ging vom Bakken. Als das der breiten Öffentlichkeit bekannt wurde, gab es für die norwegischen Medien tagelang kein anderes Thema: »Verräter« wurde Romøren genannt, er habe »den heiligen Holmenkollen« entweiht, selbst feministische Gruppen liefen Sturm gegen den sonst so beliebten Skispringer. Und obwohl er sich im Anschluss mehrfach entschuldigt hatte, musste der Osloer auch sportliche Konsequenzen tragen: Offiziell um ihn zu schützen, wurde er vom Verband für die nächsten Weltcupwettbewerbe in Lahti und Kuopio nicht nominiert. Sogar der langjährige Rennleiter der Schanze am Holmenkollen, Torgeir Nordby, musste längere Zeit um seinen Job zittern, nachdem der Verband ihn für die misslungene Eröffnung verantwortlich gemacht hatte. Immerhin: Am nächsten Tag durfte Sagen ihren Sprung vor über 6000 Zuschauern am Holmenkollen absolvieren.

Sticheleien beim Saison-Highlight

Die Gemeinschaft der Skispringer wird von den Beteiligten häufig als eine Familie beschrieben. Vor allem während der Coronapandemie haben die meisten Mannschaften internationale Flugreisen zwischen den Weltcupstationen gemeinsam absolviert; das Hygienekonzept sah vor, eine Art Blase zu bilden, um Infektionen zu vermeiden (was häufig eher misslungen ist). Umso überraschter waren die Beobachter, als sich während der Vierschanzentournee 2020/21 ein Zweikampf zwischen Kamil Stoch (Polen) und Halvor Egner Granerud (Norwegen) abgezeichnet und der Norweger gegenüber den Medien mit deutlichen Worten in Richtung des Polen gestichelt hat. Nachdem er am Bergisel in Innsbruck die Führung in der Tourneegesamtwertung und fast alle Chancen auf den Gesamtsieg verloren hatte, ätzte Granerud: »Es war furchtbar nervig, Kamil Stoch wieder gewinnen zu sehen.« Vor allem die aus seiner Sicht stets günstigen Windbedingungen für seinen polnischen Konkurrenten brachten den Norweger auf die Palme. »Bei gleichen Bedingungen kann ich ihn um zehn Punkte übertreffen. Er springt nicht so verdammt gut, er hat nur gute Ergebnisse«, sagte Granerud – und handelte sich damit einen heftigen Shitstorm seitens der zahlreich vertretenen polnischen Medien und der Fans ein. Schon nach einigen Stunden entschuldigte sich der Norweger bei den Fans und Stoch selbst, der wiederum sportlich auf die Anschuldigungen geantwortet hat: Auch das Finale in Bischofshofen ging an den Polen, der sich damit schon zum dritten Mal den Gesamtsieg bei der Vierschanzentournee sichern konnte.

Skiflieger in Todesangst

Dass das Skispringen eine besondere Belastung von Körper und Geist darstellt, liegt auf der Hand. Doch wenn die Skispringer nicht um die 130 Meter weit springen, sondern gar an der 250-Meter-Marke kratzen, ist die Anspannung ungleich höher. Die Zahl der Skiflugwettbewerbe hat sich im Lauf der vergangenen Jahre stetig erhöht, obwohl sich einige Springer schon an der Belastbarkeitsgrenze angekommen fühlen. Wie groß die mentale Belastung auf den Riesenschanzen ist, hat 1998 eine Studie des damaligen deutschen Mannschaftsarztes Ernst Jacob gezeigt, die bis heute häufig und gerne zitiert wird: Als er bei Sven Hannawald, Martin Schmitt und Co. den Adrenalinspiegel beim Skifliegen gemessen hat, übertraf das Ergebnis den Normalzustand um das 20-Fache. Ähnliche Werte erreichen Menschen ansonsten nur in akuter Todesangst.

Als Folge schlägt das Herz schneller (laut Jacob rund 180 Schläge pro Minute), der Blutdruck und die Muskelaktivitäten steigen. Und weil der Adrenalinspiegel nach der Landung oft über mehrere Stunden auf einem hohen Niveau verbleibt, verlieren einige Athleten während eines Skiflugwochenendes gleich ein, zwei Kilogramm an Körpergewicht.

Zu Olympiagold dank Materialkniff?

Schon seit 2002 galt Simon Ammann als eine der großen Legenden des Skispringens. In Salt Lake City feierte der Schweizer damals doppeltes Olympiagold. Überraschend sicherte sich der damals 21-Jährige die beiden Einzelgoldmedaillen und wurde praktisch über Nacht zu einem der großen Sporthelden der Eidgenossen. Nicht nur seine sportlichen Erfolge, sondern auch sein blasses Gesicht, seine markante Frisur, kombiniert mit seiner schmalen Brille, brachten ihm den Spitznamen »Harry Potter« und einen Auftritt bei US-Talkshow-Legende David Letterman ein.

Acht Jahre später, 2010 in Vancouver, sollte nach Jahren der Formschwäche die zweite große Stunde für den nun schon 29-Jährigen schlagen: Der Schweizer ging bei den Titelkämpfen in Kanada mit einer ungewohnt gekrümmten Bindung an den Start, der sogenannten Koppelstange, die den Sprungschuh am hinteren Ende mit dem Ski verbindet – eine scheinbar simple Innovation, die doch große Vorteile verspricht: Die gekrümmte Skibindung sorgt dafür, dass die Ski dem Springer mehr Tragfläche verleihen, also weitere Sprünge ermöglichen. Wie schon 2002 gelang Ammann damit erneut das Kunststück, gleich beide Einzelgoldmedaillen bei den Winterspielen zu gewinnen. Die bis dahin favorisierten Österreicher um Gregor Schlierenzauer und Thomas Morgenstern wollten daraufhin Protest gegen die Materialinnovation einlegen, den sie erst kurzfristig wieder zurückgezogen haben: Selbst wenn Ammann disqualifiziert worden wäre, wäre keine der Goldmedaillen an den Österreichischen Skiverband (ÖSV) gegangen. »Heute soll einzig der sportliche Wettkampf in einer tollen Atmosphäre im Vordergrund stehen«, teilte der ÖSV mit – und setzte kurz darauf, wie die meisten anderen Nationen, ebenfalls auf die neue Skibindung.

Abschiedsspringen der besonderen Art

Als Adam Małysz seinen Rücktritt zum Ende der Saison 2010/11 angekündigt hatte, wollte er sich nicht sang- und klanglos von der Skisprungbühne verabschieden. Stattdessen hat der polnische Skisprungstar ein großes Abschiedsspringen angekündigt, das es in sich hatte.

Nachdem die Weltcupsaison eigentlich schon beendet war, hatte der damals 33-Jährige zahlreiche seiner Wegbegleiter ins polnische Zakopane für einen letzten Wettkampf der besonderen Art geladen. Gemeinsam mit seinem langjährigen Sponsor Red Bull organisierte Małysz ein Abschiedsspringen und erfand kurzerhand einen neuen Wettkampfmodus: »Adam's Bull's Eye« sollte der letzte große Auftritt des polnischen Nationalhelden sein, der nicht nur im polnischen Fernsehen live übertragen wurde. Dabei sollte nicht derjenige gewinnen, der am weitesten sprang, sondern derjenige, der einer vorgegebenen Weite am nächsten kam. Neben Małysz waren auch Stars wie Gregor Schlierenzauer, Thomas Morgenstern, Martin Schmitt, Simon Ammann, Jakub Janda und Bjørn Einar Romøren gekommen, um Małysz' glanzvolle Karriere würdig zu beenden.

Auch 60 000 Zuschauer haben den Weg zur Schanze gefunden, obwohl das Stadion an diesem Tag eigentlich nur für 21 000 Personen zugelassen war – darunter war auch der damalige polnische Staatspräsident Bronisław Komorowski. Das geplante »Zielspringen« konnte wegen heftigen Schneefalls nicht stattfinden, doch Małysz absolvierte dennoch seinen letzten Sprung unter tosendem Applaus der Zuschauer, die sich größtenteils einen Małysz-typischen Schnauzbart aufgeklebt hatten.

Psychotrick zum richtigen Zeitpunkt

Gerade im Vorfeld der großen Saisonhöhepunkte steht das Material der verschiedenen Athleten und Nationen besonders im Fokus der Skisprungszene. Was Simon Ammann mit seiner neuartigen Stabbindung bei den Olympischen Winterspielen 2010 in Vancouver gelungen ist, hat die Szene noch lange Zeit danach beschäftigt. Eine wesentlich kleinere, aber offenbar dennoch effektive Innovation hat Journalisten und Skispringer gleichermaßen während der Vierschanzentournee 2012/13 beschäftigt. Im Mittelpunkt standen damals die norwegischen Skispringer um Anders Jacobsen, der sich mit Gregor Schlierenzauer um den Gesamtsieg duelliert hat. Während des Neujahrsspringens, das Jacobsen wie schon den Auftakt vor Schlierenzauer für sich entschieden hatte, verbreiteten sich zunächst Gerüchte über einen neuartigen Sprungschuh der norwegischen Mannschaft. Nach Jacobsens Sieg hat Norwegens Cheftrainer Alexander Stöckl offiziell bestätigt: Ja, Anders Jacobsen und dessen Teamkollege Tom Hilde springen mit einem Schuh, den Stöckls Vater für die Mannschaft entwickelt hat. Die Medien hatten den passenden Namen schnell gefunden: der Stöckl-Schuh.

Der norwegische Trainer und dessen Vater haben auf einer Seite der Schuhinnenseiten die Polsterung durch stabilere Schienen ersetzt, dadurch sollte während des Flugs mehr Stabilität gewährleistet sein und ein besserer Winkel ermöglicht werden. Die einen sprachen von einer kleinen Revolution, die anderen von einem höchstens minimalen Vorteil. Am Ende war es aber vor allem ein Griff in die psychologische Trickkiste. »Es war schon ein Effekt, den wir erzielen wollten. Mit dem Schuh haben wir etwas Unruhe in die

Szene bringen können. Auch im Nachhinein denke ich, dass das ein kluger Schachzug war«, sagte Alexander Stöckl später. Unruhe dürfte Jacobsens Konkurrent Schlierenzauer zumindest für einige Stunden verspürt haben – dennoch gewann der Österreicher die weiteren Stationen der Vierschanzentournee in Innsbruck und Bischofshofen und sicherte sich damit zum zweiten Mal den Gesamtsieg.

WM-Gold dank artistischer Meisterleistung

Auf einen der kuriosesten Sprünge der Geschichte kann Manuel Fettner bei der Nordischen Ski-WM 2013 zurückblicken. Die Goldmedaille bei der Teamentscheidung in Val di Fiemme hatte die österreichische Mannschaft nicht Fettners guten Sprüngen, sondern insbesondere dessen skifahrerischen Qualitäten zu verdanken. Als das Austria-Quartett im zweiten Durchgang der WM-Entscheidung auf Goldkurs lag, verlor Fettner bei der Landung seinen rechten Ski, weil sich die Bindung aufgrund des Landedrucks gelöst hatte. Doch dem Tiroler gelang das Kunststück, auf nur einem Ski und ohne in den Schnee zu greifen, die Sturzlinie zu überqueren. So hat Manuel Fettner es verhindert, von den Punktrichtern erhebliche Abzüge zu kassieren, die am Ende wohl den Weltmeistertitel gekostet hätten. Das gleiche Kunststück gelang dem Österreicher in der Qualifikation zum Vierschanzentourneefinale in Bischofshofen 2022 erneut, und er scherzte im Anschluss im Fernsehinterview über die Haltungsnoten: »Mir ist es ein Rätsel, dass ich dafür nicht die 20,0 bekomme.«

Zickenkrieg bei den Superadlern

Zehn Jahre lang hat Alexander Pointner die österreichischen Skispringer von Erfolg zu Erfolg begleitet. Sechs Vierschanzentourneesiege, vier Gesamtweltcups und unzählige Olympia- und WM-Medaillen fallen in die Ära des Erfolgstrainers.

Nach außen wirkt die Ära der »Superadler«, wie sie sich selbst vermarktet haben, wie eine makellose Erfolgsgeschichte. Doch innerhalb der von Thomas Morgenstern und Gregor Schlierenzauer angeführten Mannschaft rumorte es offenbar gewaltig: Pointner beschreibt in seinem Buch *Mut zum Absprung* ein Gerangel der beiden Alphatiere; es war »ein regelrechter Zickenkrieg« ab der Saison 2007/08. Die subtilen Attacken, Eifersüchteleien und Streitereien der beiden Superstars zogen sich über die nächsten Jahre hin und könnten ein ganzes Buch füllen. »Bis zu einem gewissen Grad hat mich Gregors Verhalten provoziert und an meinem Ego gekratzt«, gab Morgenstern nach seinem Karriereende zu und warf Pointner vor, die beiden Streithähne nicht an einen Tisch gebracht zu haben. Auch Pointner sprach später davon, »dass ich die Statuskämpfe der beiden Topspringer nach außen hin stets schöngeredet habe«.

Deutsches Bier lockt Norweger an

Nachdem die deutschen Skispringer bei den Olympischen Winterspielen 2018 in Pyeongchang in der Mannschaftsentscheidung die Silbermedaille gewonnen hatten, wurde im Deutschen Haus gebührend gefeiert. Dass der Treffpunkt der deutschen Olympiamannschaft wohl die beste Location während der Spiele in Südkorea war, hatte sich bis dahin offenbar international herumgesprochen. Und so konnten die im Teamwettkampf siegreichen Norweger die Einladung des deutschen Silberquartetts um Andreas Wellinger nicht ausschlagen, ihre Olympiamedaillen dort gemeinsam zu feiern. Eigentlich war die Sperrstunde im Deutschen Haus für 2 Uhr in der Nacht vorgesehen, ihren großen Auftritt hatte die norwegische Mannschaft um Daniel-André Tande aber erst um 3 Uhr, als diese im feinen Anzug die Bühne für sich hatte. Mit Sekt, Wein und reichlich aus Deutschland importiertem Weißbier soll die gemeinsame Feier bis 5:30 Uhr in der Früh gedauert haben.

Trainerrücktritt während des Wettbewerbs

Jahr für Jahr ist das Skifliegen in Planica ein großes Fest für alle Sportfans in Slowenien. Wenn auf der Letalnica-Skiflugschanze geflogen wird, stehen die slowenischen Skispringer noch stärker im Fokus als ohnehin schon in dem kleinen Land, in dem Skispringen fast Volkssport ist. Als im Dezember 2020 sogar der neue Skiflugweltmeister im berühmten »Tal der Schanzen« gekürt werden sollte, stand plötzlich nicht mehr die Jagd nach Metern im Vordergrund, sondern eine Trainerdebatte, die an Dramatik kaum zu überbieten ist.

Nachdem die slowenischen Flieger am ersten der beiden Wettkampftage (der Skiflugweltmeister wird in vier Durchgängen verteilt auf zwei Tage ermittelt) unter den Erwartungen geblieben waren, äußerte Hoffnungsträger Timi Zajc per Social-Media-Posting seinen Unmut über den slowenischen Cheftrainer Gorazd Bertoncelj: »Ich habe den ganzen Sommer trainiert, aber heute ist alles zusammengebrochen. Ich denke, dass der Trainer dafür einen Großteil der Verantwortung übernehmen muss«, schrieb Zajc und forderte den Rücktritt des Cheftrainers. Der slowenische Verband hat Zajc kurz danach suspendiert, weil er mit seiner Kritik an die Öffentlichkeit gegangen sei und damit gegen Disziplinarregeln verstoßen habe. Doch auch der slowenische Cheftrainer zog gleich am nächsten Morgen Konsequenzen: Noch vor Beginn des zweiten Wettkampftages, also noch während des laufenden Kampfes um die WM-Medaillen von Planica, verkündete Bertoncelj seinen Rücktritt.

Deutscher Schicksalsberg

Imposant und wunderschön thront sie über den Dächern der Tiroler Landeshauptstadt: Architektonisch ist die Bergiselschanze in Innsbruck sicherlich die beeindruckendste der vier Tourneeanlagen. Sportlich gesehen bietet die von der irakisch-britischen Stararchitektin Zaha Hadid entworfene Schanze als dritte Station der Vierschanzentournee regelmäßig dramatische Wettbewerbe, die nicht selten zu einer Vorentscheidung im Kampf um den Gesamtsieg führen. Der Bergisel ist die kleinste der vier Schanzen, zugleich aber wohl auch die tückischste. Von manchen geliebt, von manchen gehasst – nicht nur weil sie sich mit ihrem kurzen Anlauf von anderen modernen Anlagen unterscheidet, sondern auch weil die äußeren Bedingungen hier regelmäßig eine Herausforderung darstellen. Wegen ihrer Lage ist die Schanze besonders windanfällig, vor allem um den Jahreswechsel, wenn Föhnwinde vom Gebirgskamm ins Tal fegen und den Skispringern nicht nur starke, sondern insbesondere wechselhafte, schwer zu kontrollierende Windbedingungen bieten. Mehrfach ist einer der beiden Wertungsdurchgänge dem Wind zum Opfer gefallen, schon zweimal – 2008 und 2022 – musste der Wettkampf in Gänze abgesagt werden.

Vor allem die deutschen Skispringer können seit einigen Jahren ein Lied singen von der Schicksalsschanze Bergisel. 2016 stürzte Severin Freund im Probedurchgang und verspielte danach die Chancen auf den Gesamtsieg. 2018 kam Richard Freitag als größter Konkurrent des späteren Gesamtsiegers Kamil Stoch nach Innsbruck und stürzte so schwer, dass er die Vierschanzentournee sogar vorzeitig beenden musste. Auch Markus Eisenbichler (2019) und Karl Geiger (2020 und 2021) stürzten am Bergisel derart ab, dass sie trotz guter Ausgangsposition schon vor dem Finale von Bischofshofen im Kampf um den Gesamtsieg praktisch chancenlos waren. Zumindest einmal, bei der Nordischen Ski-WM 2019, meinte es der Bergisel aber gut mit den Deutschen: Nur wenige Wochen nachdem er an selber Stelle die Tournee verspielt hatte, krönte sich Markus Eisenbichler zum Weltmeister, dahinter wurde Karl Geiger Vizeweltmeister. Auch das ist Schicksal.

Corona lässt Tourneeträume (fast) platzen

Einen der kuriosesten Starts in die Vierschanzentournee erlebten die Skispringer in der Saison 2020/21. Wenige Monate nach Ausbruch der Coronapandemie stand schon frühzeitig fest, dass das erste Saison-

Highlight ohne Zuschauer im Stadion und unter ganz besonderen Bedingungen über die Bühne gehen müsste. Alle Beteiligten – neben den Athleten auch Trainer, Betreuer, Journalisten und Helfer – mussten sich im Vorfeld der Vierschanzentournee PCR-Tests unterziehen. Vier der insgesamt 760 Personen, die die Organisatoren im Vorfeld auf das Virus untersucht haben, wurden positiv getestet, darunter mit Klemens Murańka ausgerechnet einer der Skispringer. Weil das zuständige Gesundheitsamt die komplette Mannschaft der Polen als mögliche Kontaktpersonen identifiziert und in Quarantäne geschickt hatte, drohte der Veranstaltung gleich zu Beginn ein Fiasko: Eine Vierschanzentournee ohne Titelverteidiger Dawid Kubacki und Topfavorit Kamil Stoch hätte den sportlichen Wert der Veranstaltung deutlich geschmälert.

Das Lager der polnischen Skispringer und die Medien in dem seit vielen Jahren so skisprungbegeisterten Land haben getobt, sogar das polnische Sportministerium hatte sich zwischenzeitlich eingeschaltet und sich an das Organisationskomitee gewandt, weil es die Quarantänepflicht der gesamten Mannschaft als nicht verhältnismäßig angesehen hatte. Doch nachdem die Qualifikation am Vortag des ersten Wettkampftages somit ohne die polnische Mannschaft stattgefunden hatte, wurde Murańka bei einer zweiten PCR-Entnahme negativ getestet. Der polnische Verband legte daraufhin Protest gegen die Qualifikationswertung ein, und das Organisationskomitee der Tournee ermöglichte der Mannschaft eine erneute Testung wenige Stunden vor Wettkampfbeginn. Nachdem erneut alle Skispringer, inklusive Murańka, negativ getestet worden waren, erhielt die gesamte Mannschaft sowohl vom Gesundheitsamt als auch vom Organisationskomitee die Startfreigabe. Die Qualifikation des Vortages war damit sportlich hinfällig, die polnische Mannschaft durfte regulär am ersten Wettkampf teilnehmen und trotzte all der Aufregung im Vorfeld: Stoch gewann zum dritten Mal die Vierschanzentournee, Kubacki wurde Gesamtdritter, und mit Piotr Żyła und Andrzej Stękała landeten gleich zwei weitere Polen unter den besten sechs.

DER BOOM UND SEINE FOLGEN

ZUR ÄRA VON HANNAWALD UND SCHMITT

Sprung ins neue Jahrtausend

In der Silvesternacht 1999 ist die ganze Welt ins neue Jahrtausend gesprungen, doch wohl keiner so imposant wie Dieter Thoma. Seine Karriere hatte der Schwarzwälder eigentlich schon nach der Nordischen Ski-WM 1999 in Ramsau mit der Teamgoldmedaille beendet, da kündigten die Veranstalter der Vierschanzentournee eine große Millenniumsfeier an, die vom deutschen TV-Rechteinhaber RTL ausgerichtet werden sollte. Größer hätte der Fernsehsender die Veranstaltung kaum aufziehen können: Rund 80 Journalisten wurden mit 20 Hubschraubern im Vorfeld zu einer Pressekonferenz ins Skistadion von Garmisch-Partenkirchen eingeflogen, für das der Fernsehsender eigens eine Flutlichtanlage und ein riesiges Zelt aufgebaut hatte. Wer den »Millenniumssprung« wagen sollte, blieb bis zuletzt ein Geheimnis. Thoma galt als wahrscheinlicher Kandidat, weil er trotz Karriereende wieder an der Seite von Martin Schmitt und Sven Hannawald trainiert hatte.

500 RTL-Mitarbeiter sorgten für eine aufwendige Inszenierung der Liveübertragung, moderiert von Günther Jauch. Wenige Stunden vor dem traditionsreichen Neujahrsspringen war es dann so weit: Zehn Sekunden vor Mitternacht ging Dieter Thoma in die Anlaufspur der Olympiaschanze, um Punkt null Uhr vor knapp 7000 Zuschauern mit Sektgläsern in der Hand im neuen Jahrtausend zu landen.

15 Millionen bejubeln Hannawald-Sieg

Nicht nur den deutschen Zuschauern dürfte die Vierschanzentournee 2001/02 in besonderer Erinnerung geblieben sein: Als erster Skispringer der Geschichte gelang Sven Hannawald der sogenannte »Grand Slam«, also der Sieg in allen vier Einzelwettbewerben der Tournee. Was in 49 Jahren zuvor keinem Skispringer je gelungen war, schaffte der DSV-Adler in der 50. Jubiläumsausgabe und entfachte damit ein in Deutschland noch ungeahntes Interesse am Skispringen.

Bei seinem zweiten Sprung im Finale in Bischofshofen erreichte der übertragende Sender RTL einen Spitzenwert von 14,89 Millionen Zuschauern – weit mehr als die Hälfte aller Fernsehzuschauer in Deutschland verfolgte den Sieg des damals 27-Jährigen. Die Vierschanzentournee war damit in ganz neue Dimensionen vorgestoßen: Kein Formel-1-Rennen und kaum ein Fußballspiel erreichte zu dieser Zeit in Deutschland mehr Menschen als das Skispringen. Kein Wunder also, dass RTL die Skispringer auch längerfristig an sich binden wollte.

140 Millionen Mark für Übertragungsrechte

Noch vor Hannawalds »Grand Slam« bei der Vierschanzentournee dürfte der Jubel beim Deutschen Skiverband (DSV) riesengroß gewesen sein: Im September 2001 verlängerte der Verband nämlich seinen bestehenden Fernsehvertrag mit RTL für fünf weitere Jahre und kassierte damit laut Medienberichten rund 140 Millionen Mark – das entsprach nach der Euro-Einführung rund 76 Millionen Euro. Der Kölner Privatsender sicherte sich damit die Übertragungsrechte an den deutschen Stationen der Vierschanzentournee und weiteren Weltcupveranstaltungen in Deutschland, Österreich und der Schweiz; andere Wintersportarten wurden an andere Fernsehsender sublizenziert.

RTL bescherte dem DSV damit zwar Fernseheinnahmen in bislang ungeahnten Dimensionen, doch nach Ende der Vertragslaufzeit 2007 drohte das Fiasko: Wegen Streitereien um den TV-Vertrag für die darauffolgenden Jahre stand der DSV vor einer Finanzkrise, musste bereits alle Trainingsmaßnahmen für seine Sportler unterhalb der Weltcupebene streichen. Erst kurz vor Beginn der neuen Wintersportsaison konnte sich der Verband mit RTL einvernehmlich einigen – und damit endete die RTL-Ära im Skispringen: Vierschanzentournee, Skifliegen, Weltcup und weitere Highlights waren fortan wieder bei ARD und ZDF zu sehen.

Tourneesieger ohne Freundin?

»Jung, erfolgreich, gut aussehend«: So beschrieb Entertainer Harald Schmidt in seiner Fernsehsendung Sven Hannawald nach dessen Vierschanzentourneetriumph und fragte sich, wieso der keine Freundin hatte. Wie das Privatleben des deutschen Skispringers in der Öffentlichkeit thematisiert wurde, nahm durchaus kuriose Züge an. Während die *Bild*-Zeitung öffentlich nach einer Freundin für Hannawald suchte (»Hanni sucht Nanni«), musste sich dieser auf Pressekonferenzen vor den Wettbewerben regelmäßig zu seiner Beziehung zum weiblichen Geschlecht äußern. Im Vorfeld des Weltcups in Willingen unterbrach der langjährige Eurosport-Kommentator Dirk Thiele die zahlreichen Fragen der Klatschjournalisten: »Entschuldigen Sie bitte, dass ich eine Frage stelle, die sich um den Sport dreht.«

Vierschanzentournee in Rekordzeit ausverkauft

Nach Hannawalds »Grand Slam« kannte die Begeisterung für das Skispringen in Deutschland keine Grenzen. Als die Organisatoren den Ticketvorverkauf für die darauffolgende Vierschanzentournee eröffnet hatten, mussten die Fans ganz schnell sein. Denn schon nach 46 Minuten meldeten die Veranstalter: Nichts geht mehr, alle 19 000 Tickets sind vergriffen.

Noch schneller war ein Skisprung-Weltcup wahrscheinlich nur 2020 ausverkauft. Ebenfalls zum Tourneeauftaktspringen in Oberstdorf hatten sich die Fans die Tickets schon nach 15 Minuten gesichert. Einziger Unterschied: Wegen der Coronapandemie waren nur 2500 Zuschauer im Stadion zugelassen.

Aufdringliche Fans

Dass die plötzliche Popularität der deutschen Skispringer um Sven Hannawald und Martin Schmitt auch ihre negativen Seiten hat, liegt auf der Hand. Hat die deutsche Mannschaft beispielsweise zum Auftakt der Vierschanzentournee bislang immer zentral in der Innenstadt ein Hotel belegt, war das fortan nicht mehr möglich. Zu viele Fans hatten regelmäßig die Bleiben der beiden Skisprungstars belagert.

Erst nach seinem Rücktritt berichtete Schmitt von teilweise aufdringlichen Fans. Hatte man ein ausreichend abgelegenes Hotel gefunden, mussten zuerst die Telefone ausgestöpselt werden. Zu oft hatten Fans zuvor die Durchwahlen in die jeweiligen Hotelzimmer herausgefunden.

Sven Hannawald musste 2004 sogar eine seiner Verehrerinnen anzeigen. Eine damals 34-Jährige hatte den Skispringer zuerst mit Massen an Liebesbriefen überhäuft und war – nachdem sich Hannawald von seiner damaligen Freundin getrennt hatte – sogar in seine unmittelbare Nachbarschaft in Hinterzarten gezogen. Ein Gericht musste daraufhin festlegen, dass sich die Stalkerin Hannawald nicht näher als 50 Meter nähern darf, ansonsten hätte ihr sogar eine Haftstrafe gedroht.

Gewichtsdiskussionen in Deutschland

Noch vor Einführung der sogenannten BMI-Regel sorgten die beiden deutschen Skispringer Frank Löffler und Michael Möllinger für großen Wirbel in der Skisprungszene, als sie das Tabuthema Magersucht im Skispringen wieder in den Blickpunkt der Öffentlichkeit rückten. Erst wenige Monate nachdem Bilder von abgemagerten Skispringern um die Welt gegangen waren, erhob Löffler 2003 schwere Vorwürfe gegen den Deutschen Skiverband (DSV), von dem er kurz zuvor suspendiert worden war, und insbesondere gegen den damaligen Bundestrainer Wolfgang Steiert. »Ich sollte von 72 Kilogramm auf mindestens 68 Kilogramm runterhungern. Aber diese Vorgabe konnte ich unmöglich erfüllen. Ich habe ein Schreiben, in dem mir der DSV bestätigt, dass ich wegen meines zu hohen Gewichts suspendiert wurde«, sagte Löffler damals in einem *Spiegel*-Interview und ergänzte: »Das ist kein Skispringen mehr, das ist Kampfwiegen.«

Es folgte eine regelrechte Schlammschlacht zwischen dem geschassten Skispringer auf der einen und dem damaligen Bundestrainer sowie dem DSV auf der anderen Seite. »Es gibt gewisse Kriterien, die ein Springer erfüllen muss. Dazu gehören eine gute körperliche Fitness, ein optimales Körpergewicht und Teamfähigkeit. Frank Löffler sollte sich mal Gedanken machen, was er in den letzten drei Jahren abgeliefert hat«, sagte der Allgäuer damals. Unterstützung erhielt Löffler von seinem Teamkollegen Michael Möllinger, der seinen Kaderplatz laut eigener Aussage ebenfalls wegen Disziplinproblemen verloren hatte. Weil die Mutter des gebürtigen Schwarzwälders aber Schweizerin ist, konnte er ab der Saison 2004/05 für den Schweizer Skiverband im Weltcup antreten. Auch Löffler versuchte daraufhin, ins Ausland zu wechseln, ist beim Erwerb einer neuen Staatsbürgerschaft aber erfolgslos geblieben. Obwohl der DSV ihm eine Rückkehr ins Team angeboten hatte, beendete er 2004 nach insgesamt 49 Weltcupstarts seine aktive Karriere.

Wasser verhindert Disqualifikation

»Leicht fliegt weit« lautete viele Jahre die Devise der weltbesten Skispringer. Dass die erfolgreichsten Sportler der vergangenen Jahre wahrlich keine Schwergewichte waren, wurde spätestens Anfang der Nullerjahre deutlich: Als etwa Urlaubsbilder vom oberkörperfreien Sven Hannawald am Strand um die Welt gingen, der kurz zuvor als erster Skispringer der Geschichte alle vier Wettbewerbe der Vierschanzentournee für sich entschieden hatte, sah sich auch der Internationale Skiverband gezwungen, dem ständigen Hungern der Topathleten einen Riegel vorzuschieben. Bei einer Körpergröße von 1,84 Metern wog Hannawald damals zwischen 62 und 74 Kilogramm, wirkte auf den Bildern unübersehbar abgemagert und ausgemergelt. Um des Problems Herr zu werden, wurde 2004 die Body-Mass-Index-Regel eingeführt: Wer zu wenig wiegt, muss mit kürzeren Sprungskiern an den Start gehen, hat damit weniger Tragfläche und erzielt tendenziell kürzere Weiten. Damals noch mit einem Grenzwert von 18,5 eingeführt, liegt der aktuelle Mindest-BMI, allerdings inklusive Sprunganzug gemessen, bei 21. Wer leichter ist, wird mit kürzerer Skilänge sanktioniert.

Was sich zunächst nach einer geeigneten Regelung anhört, zu leichte Skispringer nicht weiterhin zu begünstigen, hat sich in den vergangenen Jahren eher gegenteilig entwickelt. Durch die Einführung neuer

Bindungssysteme, flexiblerer Sprungschuhe sowie sogenannter Keile in den Schuhen lässt sich der vermeintliche Nachteil kürzerer Sprungskier schnell durch ein geringeres Körpergewicht wieder ausgleichen. Infolgedessen gab es zuletzt nur noch wenige Topathleten, die den Mindest-BMI für die maximale Skilänge erfüllt haben, sondern stattdessen lieber die Sanktion kürzerer Skier in Kauf nahmen. Weil es jedoch im Skispringen seit eh und je zahlreiche »natürliche Leichtgewichte«, das heißt genetisch und anatomisch begünstige Athleten gibt, sind sich Experten bis heute uneinig darüber, ob die BMI-Grenze der Skispringer weiter verschärft werden sollte. Schon nach Einführung der neuen Regelung zur Saison 2004/05 haben die meisten Beteiligten an der Schanze – Athleten ebenso wie Trainer oder Betreuer – festgestellt, dass die Zahl der Wasserflaschen stark zugenommen hat. Logisch, denn ein Liter Wasser mehr im Körper bedeutet auch ein Kilogramm mehr auf der Waage.

Die Macht des Fernsehens

Mit der zunehmenden Kommerzialisierung und Vermarktung des Sports sowie der rasant angestiegenen Reichweiten bei den Fernsehübertragungen gingen schnell auch Veränderungen im sportlichen Ablauf einher. Vor allem als RTL zur Jahrtausendwende die Übertragungsrechte in Deutschland erworben hatte, griff der Privatsender massiv in die Veranstaltungen ein. Weil man sich in den Abendstunden bessere Einschaltquoten versprochen hatte, wurden die Skisprungschanzen in Oberstdorf und Bischofshofen mit einer Flutlichtanlage ausgestattet und die Wettbewerbe in den Abend verlegt. In der Saison 2006/07 kam es zu einem Novum, indem das traditionsreiche Finale der Vierschanzentournee erstmals nicht am Dreikönigstag, sondern tags darauf am 7. Januar ausgetragen wurde. RTL und auf österreichischer Seite der ORF hatten auf höhere Einschaltquoten gehofft, wenn sowohl der Qualifikations- als auch der Wettkampftag auf ein Wochenende fielen.

Neu eingeführt wurde zu dieser Zeit auch das sogenannte »Technical Break«, das seitdem nach jeweils zehn Springern eines Durchgangs eingelegt wird. Was nach einer für den sportlichen Ablauf notwendigen Unterbrechung des Wettbewerbs klingt, dient den Fernsehsendern in erster Linie dazu, kurze Werbeunterbrechungen einzulegen.

Revolution der Fernsehübertragungen

Mit einem gewaltigen Produktionsaufwand hat RTL zu Beginn der 2000er-Jahre auch die Fernsehübertragungen der Skispringer gewissermaßen revolutioniert. Mit Hunderten Mitarbeitern und etlichen Kameras wurden die Skispringer fortan in Szene gesetzt.

Sogar der Aufwärmraum und teilweise die Kabinen der Serviceleute, bis damals noch tabu bei den Übertragungen, wurden mit Kameras ausgestattet. Mehr als 30 Fernsehkameras sind seitdem regelmäßig bei den wichtigsten Veranstaltungen im Einsatz. Neben mitfliegenden Seilkameras, die die Springer vom Anlaufturm bis ins Tal begleiten, Chipkameras in der Anlaufspur und Helikoptern in der Luft (inzwischen häufig durch Drohnen ersetzt) hatte RTL auch eigens Kameraleute abgestellt, die damals ausschließlich die besten Skispringer wie Martin Schmitt, Sven Hannawald und Adam Małysz auf Schritt und Tritt verfolgen sollten – nicht selten noch während des Gangs zur Toilette. Aufwendige 3-D-Technik und Spezialkameras sollten es dem früheren TV-Experten Dieter Thoma an der Seite von Günther Jauch ermöglichen, die Sprünge aus jeder erdenklichen Perspektive zu analysieren. Als »Formel 1 des Winters« vermarktet wollte RTL das sportliche Ereignis in ein Event verwandeln und hatte damit über einige Jahre auch großen Erfolg: Zehn bis 15 Millionen Zuschauer hat der Sender regelmäßig für das Skispringen begeistern können, was bis heute einsamer Rekord im Wintersport ist.

Auto statt Lift

Wenige Wochen nach dem Vierfachtriumph bei der Vierschanzentournee sollte Sven Hannawald nach dem nächsten großen Erfolg greifen: Die Skiflug-WM von Harrachov führte der Wahlschwarzwälder nach dem ersten von zwei Wettkampftagen souverän an, was den Fans seines Konkurrenten Adam Małysz deutlich missfallen hat. Zahlreiche der rund 40 000 mehrheitlich polnischen Fans, die über die Grenze an den tschechischen »Teufelsberg« gereist sind, haben den sichtlich erregten Hannawald auf dem Sessellift mit Schneebällen beworfen. »Es ist schlimm, wenn man vor einer Liftauffahrt mehr Angst als vor dem Skifliegen hat. Diese Unfairness war phänomenal«, sagte Hannawald und ergänzte: »Die Polen sollen endlich mal meine Leistung akzeptieren.«

Schon wenige Wochen zuvor wurde Hannawald von teilweise aggressiven Fans im polnischen Zakopane angefeindet. Selbst deren Sportidol Adam Małysz sah sich gezwungen, sich für das Verhalten seiner Fans zu entschuldigen. »Das schmerzt mich sehr, dass einige so eine Aggressivität gegen Sven entwickelt haben. Vielleicht haben sie zu viel Wodka getrunken, bevor sie an die Schanze gekommen sind«, meinte Małysz und forderte die Zuschauer auch über die polnischen Medien dazu auf, weitere Anfeindungen zu unterlassen. Hannawald hatte sich dennoch vorgenommen, sich am zweiten Wettkampftag mit dem Auto an den Schanzenturm chauffieren zu lassen, anstatt erneut den Sessellift zu wählen. Doch das war nicht nötig: Wegen eines Orkantiefs wurde der zweite Wettkampftag abgeblasen, Hannawald hat damit nach zwei anstatt vier

Wertungssprüngen als erster Springer der Geschichte seinen Weltmeistertitel im Skifliegen verteidigt. Hinter ihm feierte sein Teamkollege Martin Schmitt Silber.

Gefälschte Tickets und Massenpanik

Das Zuschauerinteresse an den Skisprungschanzen der Welt ist seit vielen Jahren sehr unterschiedlich ausgeprägt: Während die Skispringer in der Eiseskälte im Norden Finnlands regelmäßig vor nur einer Handvoll Fans springen, gibt es andere Weltcupstationen, die den Athleten fast immer ein ausverkauftes Haus bieten. Neben den Stationen der Vierschanzentournee und anderen Kultveranstaltungen wie in Willingen ist das insbesondere in Polen der Fall: Wenn der Weltcupzirkus in Zakopane stattfindet, ist das Stadion mit offiziell 40 000 Zuschauern stets ausverkauft. Zehntausende verfolgen das Geschehen ohne Tickets vor dem Stadion.

An einem Samstagabend im Januar 2002 führte das fast zur Katastrophe: Bis zu 100 000 geschätzte Zuschauer strömten mit teilweise gefälschten Tickets ins Stadion. Schon zwei Stunden vor Wettkampfbeginn haben sich auf den Wegen an und zu der Schanze dramatische Szenen abgespielt, als Ordner den Zuschauerstrom zu kontrollieren versuchten. Im Fünfminutentakt wurde mit der Absage des Wettbewerbs gedroht, sollten sich die Zuschauer nicht an die Anweisungen der Ordner halten. Trotz zahlreicher Verletzter wurde der Wettkampf durchgeführt, um danach bis tief in die Nacht ein Sicherheitskonzept für den zweiten Wettkampftag zu entwickeln. Am Sonntag wurden die Zugangswege um die Skisprungschanze weiträumig abgesperrt und kontrolliert, und die Skispringer erlebten mit 40 000 Zuschauern im Stadion und ebenso vielen davor den sicherlich stimmungsvollsten Weltcup der Saison.

Ein Stadion in Lila

Dass die besten Skispringer der Welt das meiste Geld weniger mit Preisgeldern, vielmehr mit Sponsoren- und Werbeverträgen verdienen, war spätestens nach den Erfolgen der beiden deutschen Überflieger Sven Hannawald und Martin Schmitt gewiss. Hat man das Skispringen zur Jahrtausendwende im Stadion oder vor dem Fernseher verfolgt, hat eine Farbe das Geschehen auf, aber noch eher neben der Schanze klar dominiert: Lila. Schuld daran war Martin Schmitt, der 1999 einen Sponsorenvertrag mit dem Schokoladenhersteller Milka abgeschlossen hatte, den er auch im vergleichsweise langen Zeitraum seines sportlichen Tiefs nie mehr abgeben sollte.

Was im Fußball die Trikots sind, waren im Wintersport Mützen und Kappen der Skispringer: Über 30 Deutsche Mark, später 20 bis 30 Euro mussten Fans damals aufbringen, um sich mit der gleichen Kopfbedeckung wie der ihrer Skisprunghelden schmücken zu können. Während die Zuschauer in den Stadien heutzutage hauptsächlich mit Fahnen und anderen Devotionalien der teilnehmenden Nationen ausgestattet sind, dominierte damals zunächst vor allem Schmitts Sponsor für Kopfbedeckungen. Über 50 000 Mützen sollen dem Vernehmen nach jährlich für die Fans des Schwarzwälders produziert und verkauft worden sein, ähnliche Dimensionen erreichte danach nur Sven Hannawald nach seinem Vierschanzentourneesieg. »Ich glaube, nur Michael Schumacher hat mehr abgesetzt«, sagte Hannawalds früherer Manager Werner Heinz damals und sprach vom Skispringen als perfektem Sportprodukt: »Da kann man richtig Geld verdienen.« Lange nach seinen größten Erfolgen hat eine Studie im Falle von Schmitt herausgefunden, dass die Deutschen keinen anderen Sportler so sehr mit einer bestimmten Marke in Verbindung bringen, wie es bei ihm und seinem langjährigen Partner Milka der Fall war.

Der Absturz des Sven Hannawald

Mein Höhenflug, mein Absturz, meine Landung im Leben lautet der Titel der Biografie von Sven Hannawald. Kaum zwei Jahre seit seinem Vierfachtriumph bei der Vierschanzentournee waren vergangen – dazwischen noch der Teamolympiasieg in Salt Lake City und die erste Titelverteidigung bei der Skiflug-WM der Geschichte –, als bei ihm das Burn-out-Syndrom diagnostiziert wurde. Was heutzutage als Volkskrankheit gilt, für die eine völlige emotionale Erschöpfung charakteristisch ist, kannten die meisten Menschen damals höchstens vom ebenfalls betroffenen ehemaligen Fußballnationalspieler Sebastian Deisler. Nun war es also ausgerechnet Hannawald, der sich auf dem Höhepunkt seiner Karriere zur Behandlung in eine Spezialklinik begeben musste.

Den Grund für seinen Absturz, den er in seiner Biografie beschreibt, konnte der 18-fache Weltcupsieger (sein letzter Sieg datiert vom Februar 2003 in Willingen) zuvor lange nicht finden und ließ sich von einer Vielzahl von Ärzten erfolglos untersuchen. Erst als er nach einer weitgehend enttäuschenden und vorzeitig abgebrochenen Saison 2003/04 nicht nur körperliche, sondern auch psychische Ursachenforschung betrieb, stand die Diagnose, die letztlich seine Karriere beenden sollte. Ohne je wieder einen Skisprungwettbewerb bestritten zu haben, verkündete er im August 2005 seinen Rücktritt vom Skispringen. Nach der erfolgreichen Behandlung seiner Krankheit wolle er sich nicht mehr den Strapazen des Profisports aussetzen.

Nach seiner Karriere verfolge Hannawald zunächst andere sportliche Ziele im Motorsport, indem er an der Rennserie ADAC GT Masters teilnahm. Seit 2016 arbeitete er als TV-Experte zunächst für Eurosport und seit 2020 steht er bei der ARD unter Vertrag. Zudem engagiert sich Hannawald als Unternehmensberater für Gesundheitskosmetik und klärt in Vorträgen über Leistungsdruck und Burn-out auf.

Olympiazoff und Länderwechsel

Während der Olympischen Winterspiele 2006 in Turin kam es innerhalb der deutschen Mannschaft zu zahlreichen Diskussionen, im Mittelpunkt dabei: Alexander Herr. Wenige Wochen nachdem der Schwarzwälder mit der Mannschaft Bronze bei der Skiflug-WM geholt hatte, hoffte er auf einen Einsatz bei der Entscheidung auf der Großschanze von Turin. Nachdem er auf der Normalschanze aber schwächster Springer der deutschen Mannschaft war, kam es vor der Nominierung zu einer Ausscheidung mit Ersatzmann Martin Schmitt. Bei drei Trainingssprüngen lag Herr zwar vor Schmitt, ging dabei aber mit einem irregulären Sprunganzug an den Start. In der letzten Entscheidung lag Schmitt vorne, der daraufhin vom damaligen Bundestrainer Peter Rohwein für die Olympiaentscheidung nominiert wurde. Der schon lange schwelende Konflikt zwischen Rohwein und Herr explodierte: »Das ist eine Lachnummer, die die Kompetenz des Trainers zeigt. Das sieht ein Blinder mit Krückstock, dass keine fairen Bedingungen geherrscht haben«, polterte der Skispringer, der daraufhin aus der deutschen Olympiamannschaft genommen wurde. Was folgte, war in der Skisprungszene nahezu einmalig: Herr erklärte, in Zukunft nicht mehr für den DSV starten zu wollen. Stattdessen trainierte er vor der Saison 2006/07 mit der schwedischen Mannschaft, ist sogar nach Schweden gezogen. »Meine in Deutschland eher als negativ betrachteten Eigenschaften wie meine Starrköpfigkeit gelten hier als etwas Positives«, sagte Herr nach seinem Wechsel. Doch weil ihm die schwedische Staatsbürgerschaft verweigert wurde, kam er zu keinem weiteren Einsatz auf der internationalen Skisprungbühne. Drei Jahre später ohne weitere Einsätze verkündete Herr dann sein Comeback – in Deutschland: Werner Schuster war in der Zwischenzeit auf den lange Zeit glücklosen Rohwein als Bundestrainer gefolgt und wollte Herr eine Rückkehr in die deutsche Mannschaft ermöglichen. Doch der inzwischen 31-Jährige konnte sich nicht für einen Startplatz im Weltcup oder Continental-Cup qualifizieren und hat danach seine Karriere endgültig beendet.

Millionentournee

Als erfolgreicher Skispringer verdient man nicht schlecht, doch im Vergleich zu anderen Sportlern wie Tennisspielern oder gar Fußballern bewegen sich die »Könige der Lüfte« in ziemlich bodenständigen Sphären. 10 000 Schweizer Franken erhält ein Skispringer in der Regel für einen Weltcupsieg, weitere Preisgelder werden an die besten 30 der Wertung ausgeschüttet. Das meiste Geld machen die Topathleten meist durch Vermarktung und Werbeverträge.

In einer ganz anderen Dimension lag das Preisgeld hingegen bei der Vierschanzentournee 2011/12: Exakt eine Million Schweizer Franken (damals rund 810 000 Euro) hatten die Organisatoren für den »Grand Slam« ausgelobt. Sollte ein Springer also alle vier Wettbewerbe der Veranstaltung gewinnen und damit sozusagen in die Fußstapfen von Sven Hannawald treten, bekäme er 100-mal so viel Geld wie für einen normalen Weltcupsieg überwiesen. Doch das Geld wurde nie ausbezahlt, denn erst 2017/18 und 2018/19 folgten mit Kamil Stoch (Polen) und Ryōyū Kobayashi (Japan) zwei Nachfolger auf Hannawald. Inzwischen erhält der Tourneegesamtsieger unabhängig von der Anzahl der Tagessiege immerhin zusätzlich zu den üblichen Weltcuppreisgeldern 100 000 Franken.

90 Meter statt 90 Minuten

Was sich wie ein Scherz anhört, war tatsächlich geplant: Der Internationale Skiverband wollte auf Initiative des polnischen Skiverbandes ein Weltcupskispringen auf Schnee im Nationalstadion von Warschau austragen. Das zur Fußballeuropameisterschaft 2012 renovierte Fußballstadion sollte zu Beginn der Saison 2013/14 eine provisorische 90-Meter-Skisprungschanze beheimaten, um 58 000 Zuschauern in der polnischen Hauptstadt einen Weltcupauftakt einer neuen Dimension zu bieten. Ähnliche Pläne hatte bereits der langjährige Schalke-Manager Rudi Assauer, der das Skispringen in das Fußballstadion in Gelsenkirchen holen wollte. Und im Wiener Prater gibt es konkrete Pläne des Ingenieurs Kurt Zöchling, das Ernst-Happel-Stadion in eine Multifunktionsarena mit rund 60 000 Zuschauerplätzen umzubauen, die dauerhaft auch eine 123 Meter hohe Großschanze sowie eine Normalschanze beheimaten soll. Der ambitionierte Architekt hatte zwar bereits Unterstützung vom früheren ÖSV-Präsidenten Peter Schröcksnadel erhalten, endgültig beschlossen wurden die gigantischen Pläne bislang aber nicht.

Im Fall von Warschau waren die Pläne schon weit fortgeschritten, rund 720 000 Euro hätte die Schanzenanlage gekostet, deren Anlaufturm über das Dach des Fußballstadions hinausragen sollte. Umgesetzt wurde die Veranstaltung am Ende nicht, obwohl die Idee gar nicht so neu ist, wie sie zunächst klingt: In den USA war Skispringen in Footballarenen Anfang der 1930er-Jahre keine Seltenheit: So wurde schon vor der Einführung des Weltcups in Großstädten wie Los Angeles, Chicago, aber auch in Tokio und London gesprungen.

Das Problem mit dem Nachwuchs

Im Schatten der Erfolge von Sven Hannawald und Martin Schmitts florierenden Einnahmen durch Vermarktung und Fernsehgelder sowie rekordverdächtigen Einschaltquoten sah es lange danach aus, als könnten die deutschen Skispringer mit ihren beiden Helden die Weltelite dauerhaft dominieren. Doch nachdem sich Hannawald wegen seines Burn-out-Syndroms 2004 in Behandlung begeben und ein Jahr später seine Karriere beendet hatte, Martin Schmitt nach 2002 zunächst lange nicht an frühere Erfolge hatte anknüpfen können, sah es im Deutschland des Skisprungs schnell ganz anders aus: Die weiteren Erfolge sind ausgeblieben, auch weil der Deutsche Skiverband (DSV) die Nachwuchsarbeit in den vorangegangenen Jahren sträflich vernachlässigt hat, wie die Verantwortlichen selbst später eingeräumt haben.

Die Kehrtwende gelang erst 2008, als Horst Hüttel als frisch zum Skispringen berufener Sportlicher Leiter beim DSV einen neuen Bundestrainer verpflichten sollte. Nach der Trennung von Trainerlegende Reinhard Heß im Jahr 2003 sind Wolfgang Steiert und Peter Rohwein als dessen Nachfolger lange erfolglos geblieben. Trotz interner Widerstände ist es Hüttel gelungen, mit Werner Schuster erstmals einen ausländischen Trainer als Chefcoach für die deutschen Skispringer zu engagieren. Dem Österreicher, der zuvor für den Nachwuchs in seiner Heimat und danach als Schweizer Cheftrainer tätig war, ist es in den nächsten Jahren gelungen, mit neuen Konzepten und einem reformierten Nachwuchssystem das deutsche Skispringen zurück an die Weltspitze zu führen. Der große Durchbruch gelang 2014, als die deutsche Mannschaft zunächst Olympiagold in Sotschi gewonnen hat und seitdem in der Erfolgsspur geblieben ist: Zunächst sorgte vor allem Severin Freund mit Weltmeistertiteln im Skispringen sowie Skifliegen und dem Gewinn des Gesamtweltcups für Erfolge, danach folgte Andreas Wellinger mit seiner olympischen Goldmedaille von Pyeongchang 2018. Unter Schusters Ägide fallen auch die ersten Erfolge von Markus Eisenbichler und Karl Geiger, die vor allem bei der WM 2019 in Seefeld mit Gold und Silber im Einzel sowie zwei Goldmedaillen in der Mannschaft glänzen konnten. Nur der langersehnte erste Sieg bei der Vierschanzentournee seit Hannawalds »Grand Slam« 2001/02 ist weder Schuster noch dessen Nachfolger Stefan Horngacher bislang gelungen.

TV-Phänomen Skispringen

Obwohl nur wenige Menschen weltweit das Skispringen aktiv betreiben oder sich überhaupt vorstellen können, wie es sich anfühlt, von einer der Schanzen zu springen, begeistern sich erstaunlich viele Zuschauer für den Sport. Deutlich wird das auch durch die Reichweiten und Einschaltquoten, die die Fernsehsender weltweit in den vergangenen Jahren erzielt haben. Das Marktforschungsunternehmen Nielsen untersucht und vergleicht die weltweite Reichweite der verschiedenen Wintersportarten, die unter dem Dach des Internationalen Skiverbandes (FIS) ausgetragen werden. Nach Ski Alpin ist das Skispringen demnach international gesehen die Sportart der FIS, die im Fernsehen zuletzt die höchsten Reichweiten erzielt hat. Demnach haben die Liveübertragungen von Skisprung-Weltcups im Winter 2021/22 weltweit kumuliert rund 425 Millionen Menschen erreicht. Berücksichtigt man auch Zusammenfassungen, Wiederholungen oder Nachrichtenbeiträge, steigt die kumulierte Reichweite weltweit sogar auf über 1,5 Milliarden. Die meisten Fernsehzuschauer entfallen auf Deutschland und Polen, danach folgen Russland, Österreich, Slowenien, Finnland und Norwegen. Die reichweitenstärksten Liveübertragungen erzielte zuletzt meist die Vierschanzentournee, die weltweit bis zu 50 Millionen Menschen pro Wettbewerb live verfolgt haben.

WISSENSWERTE STATISTIKEN

DIE INTERESSANTESTEN FAKTEN UND REKORDE

Weiter, immer weiter

Seitdem es das Skispringen und infolgedessen auch das Skifliegen gibt, treibt die Athleten insbesondere auch eines an: die Jagd nach immer größeren Weiten. Die Weiterentwicklung in Technik und Material hat zu einer rasanten Rekordentwicklung geführt. 1879 als erster Weitenrekord mit 23 Metern festgehalten, waren die international weitesten Sprünge zunächst lange Zeit den Sportlern aus dem Geburtsland des Skispringens vorbehalten – Norwegen. Zwischenzeitlich hatten sich auch einige US-Amerikaner in die Liste der weitesten Sprünge eingetragen, bevor es dem Schweizer Bruno Trojani 1927 mit 72 Metern gelang, als erster Mitteleuropäer in der Bestenliste zu landen.

Von da an nahm die Entwicklung rasant an Fahrt auf: Josef »Sepp« Bradl (Österreich) hat sich mit dem ersten Sprung über die 100-Meter-Marke im Jahr 1936 selbst sozusagen Legendenstatus verliehen, ehe 58 Jahre später Toni Nieminen (Norwegen) 1994 als erster Springer über 200 Meter kam. Von da an wurden die weiteren Weltrekorde im »Tal der Schanzen« im slowenischen Planica aufgestellt, das die berühmte Letalnica-Skiflugschanze beheimatet. Die Jagd nach dem Weltrekord war von da an nicht mehr nur den Athleten, sondern ebenfalls den Veranstaltern ein besonderes Anliegen, obwohl die Weltrekorde vom Internationalen Skiverband offiziell gar nicht mehr anerkannt werden, um die Rekordjagd der Athleten und damit auch immer gefährlichere Sprünge zu verhindern: Mit der nicht zu Unrecht auch als »Monsterbakken« bekannten Skiflugschanze in Vikersund wollten die Norweger den Weltrekord zurück ins Ursprungsland des Skispringens holen, was ihnen auch eindrucksvoll gelungen ist: Peter Prevc (Slowenien) knackte dort 2015 als erster Skispringer die 250-Meter-Marke, seit 2017 ist nun Stefan Kraft (Österreich) mit 253,5 Metern Weltrekordhalter. Noch weiter kam nur Dimitry Wassiliev (Russland), der bei seinem Versuch auf 254 Meter aber zu Sturz gekommen ist.

FIS verbietet Rekordjagd

Angesichts der rasanten Rekordentwicklung der vergangenen Jahrzehnte ist es eigentlich kaum zu glauben und heute nur noch schwer vorstellbar, dass die FIS diese Jagd nach Weltrekorden einmal von ganz offizieller Seite unterbinden wollte. Zwar führt der

Internationale Skiverband keine Listen über offizielle Weltrekorde, sehr wohl aber über Rekorde auf den verschiedenen Schanzen. 1984 hatten die Verantwortlichen in der Wettkampfordnung festgehalten, dass Sprünge nur bis 191 Meter gewertet werden – Flüge, die noch darüber hinausgingen, wurden damals in der Ergebnisliste stets mit 191 Metern gewertet. Weil das aber weder im Sinne der Athleten noch der Zuschauer war, hatte die Regel nicht lange Bestand. Erst seit 2002 gilt, dass ein Sprung dann als Schanzenrekord zählt, wenn der Springer nicht in den Schnee greift oder stürzt. Beurteilt wird das nicht etwa aufgrund der Fernsehbilder, sondern von den anwesenden Sprungrichtern, die weniger als vier Punkte für die Ausfahrt abziehen müssen, damit ein Sprung offiziell als Schanzenrekord anerkannt wird.

Frau springt weiter als jeder Mann

Wenn man die Weitenjagd auf den gigantischen Skiflugschanzen außen vor lässt, wurden die weitesten Sprünge im Skispringen zuletzt stets in Willingen gezeigt. Mit einer Hillsize-Weite von 147 Metern gilt die Mühlenkopfschanze im Hochsauerland als größte Großschanze der Welt, auf der bei optimalen Bedingungen auch die 150-Meter-Marke geknackt werden kann. Offiziell hält hier Klemens Murańka aus Polen mit 153 Metern den Schanzenrekord, der damit als weitester

Skisprung (nicht Skiflug) der Geschichte zu werten ist. Tatsächlich ist aber die japanische Skispringerin Yuki Ito hier sogar noch einen Meter weiter gesprungen, doch weil es sich nicht um einen offiziellen Wettkampfsprung, sondern nur um einen Trainingssprung im Vorfeld des Weltcupwochenendes gehandelt hat, gilt dieser nicht offiziell als Schanzenrekord. Auf dieselbe Weite kam 2018 übrigens auch Jurij Tepeš (Slowenien) bei der Eröffnung der Schanzenanlage im kasachischen Schtschutschinsk, konnte diesen Sprung aber nicht stehen.

300, 400, 500 Meter?

Doch wie weit kann ein Skispringer überhaupt fliegen? Welche Grenzen sind den »Königen der Lüfte« gesetzt? Obwohl der Internationale Skiverband mit bestimmten Regularien zum Schanzenbau einer überdimensionierten Schanze (noch) klare Grenzen setzt, sind sich die meisten Skispringer und Experten einig: Ist die Schanze ausreichend groß, sind auch 300 Meter denkbar.

Dass das aber noch lange nicht das Ende der Fahnenstange sein muss, zeigte eine Studie des Instituts für Angewandte Trainingswissenschaft in Leipzig. Die Wissenschaftler haben vor einigen Jahren einen Sprung von Simon Ammann untersucht, der 2009 in Planica 233 Meter weit gesprungen und damit nur ein-

einhalb Meter unter dem damaligen Weltrekord geblieben ist. Simuliert wurde dabei, wie sich der Landedruck für den Skispringer bei einem vergleichbaren Sprung auf einer entsprechend größeren Schanzenanlage auf 500 Meter entwickeln würde. Das Ergebnis war erstaunlich: Das Gleiten durch die Luft würde in diesem Fall etwa 16 Sekunden und damit doppelt so lange wie bei Ammanns damaligem Sprung dauern, doch die Geschwindigkeit und der Landedruck blieben beinahe unverändert.

Zumindest in der Theorie wäre ein 500-Meter-Flug also möglich unter der Voraussetzung, dass eine entsprechend große Schanze gebaut wird. In der Praxis dürften neben den oftmals schwierig berechenbaren Windverhältnissen aber vor allem Kostenfaktoren wie der Bau und die Präparierung einer solch gigantischen Anlage sowie die Weiterentwicklung im Materialbereich klare Grenzen aufzeigen.

Weite Flüge vor der Skiflugpremiere

Die Skispringerinnen haben ihren nächsten Meilenstein erreicht: Im Rahmen der norwegischen Raw-Air-Serie dürfen auch Damen im März 2023 erstmals bei einem Skifliegen an den Start gehen. Doch schon vor der Skiflugpremiere auf der größten Schanze der Welt in Vikersund sind Skispringerinnen vereinzelt auf den Riesenschanzen der Welt geflogen.

Weil der Internationale Skiverband ein reguläres Training auf Skiflugschanzen nicht gestattet (neben den notwendigen Sicherheitsmaßnahmen wäre auch eine sichere Schanzenpräparierung kaum zu gewährleisten), finden die einzigen Flüge außerhalb der Wettkampftage im Vorfeld eines Skiflug-Weltcups statt – beim sogenannten »Einfliegen« testen Vorspringer die Schanze, um der Jury Orientierung bei der Wahl der richtigen Anlauflänge zu geben. Mehr als 50-mal haben auch Frauen diese Aufgabe übernommen. Den weitesten Flug konnte die Österreicherin Daniela Iraschko-Stolz verzeichnen, die bereits im Januar 2003 am Kulm im österreichischen Tauplitz/Bad Mitterndorf als erste und bislang einzige Skispringerin auf exakt 200 Meter gekommen ist. Ihre vorherige Bestweite hat die Steirerin damit um gleich 60 Meter übertroffen.

Jeder Sprung zählt

»Jeder Sprung zählt«: Was sich wie eine Binsenweisheit im Skispringen anhört, wird selten so deutlich wie bei der Vierschanzentournee. Geht ein Sprung daneben, ist die Gesamtwertung schnell verloren, wie in der 70-jährigen Tourneegeschichte vier Skispringer auf eindrucksvolle Weise bewiesen haben. Ingolf Mork (Norwegen, 1970/71), Yukio Kasaya (Japan, 1971/72), Karl Schnabl (Österreich, 1974/75) und Toni Innauer (Österreich, 1975/76) haben das Kunststück geschafft, die Vierschanzentournee nicht zu gewinnen, obwohl sie jeweils drei Einzelsiege errungen haben.

Doch auch das Gegenteil ist bei der Vierschanzentournee möglich: Mit Hemmo Silvennoinen (Finnland, 1954/55), Nikolai Kamenski (Sowjetunion, 1955/56), Horst Queck (DDR, 1969/70), Jiří Raška (Tschechien, 1970/71), Ingolf Mork (Norwegen, 1971/72), Ernst Vettori (Österreich, 1986/87), Risto Laakkonen (Finnland, 1988/89) und Janne Ahonen (Finnland, 1998/99) ist es gleich acht Springern gelungen, den Gesamtsieg ohne einen einzigen Tagessieg zu feiern.

Kein Heimvorteil bei der Tournee

Seit Hannawalds Vierfachsieg 2001/02 ist es keinem deutschen Skispringer mehr gelungen, die Vierschanzentournee zu gewinnen. Eine derart lange Flaute hat es für die deutschen Skispringer nie zuvor gegeben – doch warum eigentlich? Man könnte meinen, die deutschen Skispringer müssten speziell in Oberstdorf und Garmisch-Partenkirchen vom Heimvorteil profitieren, schließlich stehen ihnen die beiden Schanzen auf deutscher Tourneeseite zum Training zur Verfügung und sie haben in den Stadien mit Abstand die meisten Fans. Doch der Blick in die Statistik zeigt eher einen Heimnachteil. Nur 26-mal sind deutsche Skispringer in der inzwischen 70-jährigen Tourneegeschichte in Oberstdorf überhaupt auf dem

Podium gelandet, in Garmisch-Partenkirchen sogar nur 24-mal. Auf österreichischer Seite fällt die Bilanz mit 19 (Innsbruck) beziehungsweise 16 Podestplätzen (Bischofshofen) sogar noch schwächer aus.

Nicht erst seit der Siegesserie der österreichischen Skispringer, die von 2008/09 bis 2014/15 die Vierschanzentournee gleich siebenmal in Folge gewonnen haben, fällt die Bilanz der Alpenrepublik fast gegenteilig aus: Insgesamt 179-mal standen österreichische Skispringer bei den vier Tourneestationen auf dem Podium – nur in Garmisch-Partenkirchen und Innsbruck waren es noch öfter die Finnen. Gleich 64 Tagessiege kann Österreich bei der Vierschanzentournee für sich verbuchen – Deutschland hingegen nur 27 – und ist damit einsamer Spitzenreiter.

Siegesserie bei der Vierschanzentournee

Es hat 50 Jahre gedauert, bis mit Sven Hannawald 2001/02 der erste Springer der Geschichte alle vier Einzelwettbewerbe bei der Vierschanzentournee für sich entschieden hat. Mit Kamil Stoch (2017/18) und Ryōyū Kobayashi (2018/19) folgten in der jüngeren Vergangenheit gleich zwei weitere Vierfachsieger, doch viel mehr als das war in der Tourneegeschichte nicht drin: Neben Hannawald, der nach seinem »Grand Slam« auch noch das Auftaktspringen der darauffolgenden Tourneeausgabe in Oberstdorf 2002 gewonnen hat, gelangen nur Kobayashi (2018/19 und 2019/20), Stoch (2016/17 und 2017/18) und Helmut Recknagel (1957/58 und 1958/59) saisonübergreifend fünf Tagessiege in Folge. Sechs Siege direkt hintereinander hat bis heute kein Skispringer geschafft.

Weltcuprekorde für die Ewigkeit?

Auch wenn Vierschanzentournee, Olympische Winterspiele und Weltmeisterschaften für Fans und Medien meist im Vordergrund stehen, ist der Gesamtweltcup bei vielen Skispringern der begehrteste aller Titel. Während bei Olympia und WM nur zwei Sprünge über Sieg oder Niederlage entscheiden, muss ein Skispringer für den Gesamtweltcup über eine ganze Saison vorne mitmischen. Mit Jens Weißflog (1983/84), Martin Schmitt (1998/99, 1999/2000) und Severin Freund (2014/15) haben nur drei deutsche Skispringer die große Kristallkugel nach dem Saisonfinale in den Himmel strecken können, was beispielsweise Dieter Thoma oder Sven Hannawald verwehrt geblieben ist.

Umso größer sind die Leistungen von Matti Nykänen (1982/83, 1984/85, 1985/86, 1987/88) und Adam Małysz (2000/01, 2001/02, 2002/03, 2006/07), die den Gesamtweltcup gleich viermal gewonnen haben und so schnell auch nicht eingeholt werden dürften: Nach Andreas Goldberger mit drei Siegen (1992/93, 1994/95, 1995/96) gibt es mit Ryōyū Kobayashi (2018/19, 2021/22), Stefan Kraft (2016/17, 2019/20) und Kamil Stoch (2013/14, 2017/18) nur drei noch aktive Skispringer, die zumindest auf zwei Gesamtsiege zurückblicken können.

Die seit Einführung des Weltcups zur Saison 1979/80 erfolgreichste Mannschaft war übrigens die österreichische, welche mit Hubert Neuper, Armin Kogler, Andreas Felder, Andreas Goldberger, Thomas Morgenstern, Gregor Schlierenzauer und Stefan Kraft gleich siebenmal den Gesamtsieger gestellt und auch 19-mal die Nationenwertung für sich entschieden hat.

Schlierenzauer überholt Nykänen

Es war der 3. Februar 2013, als Gregor Schlierenzauer einen der beeindruckendsten Rekorde im Skispringen aufgestellt hat. Lange galt Matti Nykänen mit 46 Weltcupsiegen als die ewige Legende in der Bestenliste der Skispringer. Beim Skifliegen im tschechischen Harrachov hat der Österreicher – damals im Alter von erst 23 Jahren – den Finnen mit Sieg Nummer 47 aber übertroffen. Schlierenzauers letzter Sieg datiert vom 6. Dezember 2014, es war sein 53.

Ein Rekord, den der Tiroler wohl auch nach seinem Rücktritt noch lange Zeit behalten dürfte, denn von den noch aktiven Skispringern könnte ihm nur der Pole Kamil Stoch gefährlich werden, der vor Beginn der Saison 2022/23 auf immerhin 39 Einzelerfolge zurückblicken kann. Öfter auf dem Podest als Schlierenzauer stand nur Finnlands Janne Ahonen – insgesamt 108-mal und damit 20-mal öfter als der Österreicher. Erfolgsreichster deutscher Skispringer ist übrigens Jens Weißflog, der 33-mal gewonnen und 73-mal auf dem Podest gestanden hat.

Jungspunde und Altmeister

Gekennzeichnet ist das Skispringen auch von plötzlichen Formschwankungen, die sich für Außenstehende oft ohne erkennbaren Grund vollziehen. Dass sich ein früherer Seriensieger plötzlich und unerwartet nur noch im Mittelfeld wiederfindet, ist in diesem Sport keine Seltenheit. Und somit gibt es auch nicht unbedingt das perfekte Alter für einen Skispringer, was auch ein Blick in die Statistik zeigt: Im März 1980 war es der Kanadier Steve Collins, der im Alter von nur 15 Jahren und 362 Tagen im finnischen Lahti als jüngster Sieger eines Weltcups in die Geschichte eingegangen ist. Zweitjüngster Weltcupsieger ist übrigens der Österreicher Thomas Morgenstern, der 2003 zwei Monate nach seinem 16. Geburtstag in Lahti erstmals gewonnen hat.

Mehr als 26 Jahre und sozusagen mindestens eine Generation liegen damit zwischen Collins als jüngstem und Noriaki Kasai als ältestem Sieger der Weltcupgeschichte. Der »Flugsaurier« aus Japan, der seine Karriere auch im Alter von inzwischen 50 Jahren noch nicht beenden will, feierte seinen letzten Weltcupsieg im November 2014 im finnischen Kuusamo im Alter von 42 Jahren und 176 Tagen. Doch während es bereits mehr als zehn nicht volljährige Weltcupsieger gegeben hat, ist Kasai mit seinem Altersrekord einsamer Spitzenreiter: Zweitältester Weltcupsieger der Skisprunggeschichte ist Kasais langjähriger Teamkollege Takanobu Okabe mit 38 Jahren.

Noch jünger als Steve Collins war unter den Skispringerinnen die Japanerin Sara Takanashi, als sie im März 2012 mit 15 Jahren und 148 Tagen in Zaō ihren ersten Sieg gefeiert hat. Älteste Weltcupsiegerin wurde Daniela Iraschko-Stolz aus Österreich im März 2019 mit 35 Jahren und 109 Tagen.

Prevc setzt neue Maßstäbe im Weltcup

Auf eine Saison der Rekorde kann Peter Prevc 2015/16 zurückblicken. Auch weil der Weltcupkalender der Skispringer in den vergangenen Jahren fast stetig angewachsen ist und es immer mehr Wettkämpfe gibt, gehen die Punkterekorde der Vergangenheit meist an jüngere Springergenerationen. Einsame Spitze aber ist der Slowene, der allein in jener Saison nicht nur sage und schreibe 15 Einzelweltcups für sich entschieden, sondern mit 2303 Punkten auch insgesamt die meisten Zähler innerhalb eines Winters gesammelt hat. Dazu zählten auch seine drei Einzelsiege bei der

Vierschanzentournee, die ihm auch bei dieser Veranstaltung einen Punkterekord (1139,4 Punkte) eingebracht haben, der erst 2021/22 von Ryōyū Kobayashi übertroffen werden konnte.

Effektivität hat einen Namen

Zu den großen Überfliegern seiner Zeit zählte Pentti Uotinen gewiss nie, doch wenn es allein um die Effektivität geht, liegt der Skispringer aus Finnland in den Statistiken ganz weit vorne: Ohne jemals zuvor einen relevanten internationalen Wettbewerb gewonnen zu haben, hat Uotinen in der Saison 1956/57 zum ersten und einzigen Mal an der Vierschanzentournee teilgenommen – und direkt gewonnen. Mit dem hauchdünnen Vorsprung von nur 0,7 Punkten auf seinen Landsmann Eino Kirjonen hält der inzwischen verstorbene Finne bis heute den Rekord des knappsten Tourneegesamtsieges, zumindest wenn man vom punktgleichen Sieg von Janne Ahonen (Finnland) und Jakub Janda (Tschechien) 2005/06 absieht. Er gehört auch zur Riege der Skispringer, die die Tournee mit nur einem einzigen Tagessieg (Oberstdorf) für sich entschieden haben.

Der fehlende Titel

Mit der Vierschanzentournee, den Olympischen Winterspielen, den Weltmeisterschaften und dem Gesamtweltcup bietet das Skispringen den Athleten gleich vier Wettkämpfe, die in ganz besonderem Maß im Fokus der Öffentlichkeit stehen. Doch alle der vier wichtigsten Titel im Skispringen zu gewinnen, ist mit Jens Weißflog (Deutschland), Matti Nykänen (Finnland), Espen Bredesen (Norwegen), Thomas Morgenstern (Österreich) und Kamil Stoch (Polen) erst fünf Athleten gelungen.

Da mutet der Blick in die Statistiken fast schon kurios an: Vor allem die Goldmedaille bei Olympia, die man nur alle vier Jahre gewinnen kann, ist vielen Skisprunggiganten während ihrer Laufbahn verwehrt geblieben. Adam Małysz (Polen), Janne Ahonen (Finnland) oder Noriaki Kasai (Japan) fehlt der Olympiasieg als einziger der großen Titel gänzlich, Gregor Schlierenzauer (Österreich) hat ihn trotz einer ansonsten beeindruckenden Karriere mit diversen Rekorden nie im Einzel erreicht. Heutzutage eher unbekannte Ex-Skispringer wie Antti Hyvärinen oder Jani Soininen (beide Finnland) dürfen sich hingegen Olympiasieger nennen, haben aber nie einen der anderen großen Titel gewonnen.

Andere große Namen sind zeit ihrer Karriere hingegen an der Vierschanzentournee gescheitert. Dass er viermal Olympiagold im Einzel gewonnen hat, aber jedes Mal an der so prestigeträchtigen Tournee gescheitert ist, ärgert Simon Ammann (Schweiz) bis heute. Auch Martin Schmitt (Deutschland), immerhin viermaliger Weltmeister, Teamolympiasieger und zweifacher Gesamtweltcupsieger, ist mehrfach an der Mission Vierschanzentournee gescheitert.

Einzigartiger Dreifachtriumph

Was im Skispringen der Männer in den vergangenen Jahren selten, aber immerhin regelmäßig gelungen ist, ist in der vergleichsweise jungen Geschichte der Skispringerinnen bis heute einzigartig: Dass gleich drei Athletinnen einer einzigen Nation das Siegerpodest belegen, hat es im Februar 2017 zum ersten Mal gegeben, konnte seitdem aber nie wiederholt werden. Im slowenischen Ljubno war es die inzwischen vierfache Teamweltmeisterin Katharina Althaus aus Oberstdorf, die den Weltcup vor ihren Teamkolleginnen Carina Vogt und Svenja Würth angeführt hat.

Fünfmal Höchstnote

Ein Skisprung soll möglichst weit sein, aber bitte auch ästhetisch! Zwischen Sieg und Niederlage entscheiden nicht nur die Sprungweite, sondern ebenso die Haltungsnoten. Die Höchstnote von 20,0 erhält ein

Springer von den fünf Punktrichtern dann, wenn in den drei zu bewertenden Kategorien Flug, Landung und Ausfahrt keine Punkte abgezogen werden.

Erst acht Skispringern ist es in der Geschichte gelungen, für einen Versuch fünfmal die Höchstnote zu kassieren. Österreichs Skisprunglegende Toni Innauer war der Erste, der beim Skifliegen in Oberstdorf 1976 einen stilistisch perfekten Sprung gezeigt hat. Gleich in vier unterschiedlichen Wettkämpfen ist dieses Kunststück auch dem Japaner Kazuyoshi Funaki gelungen. Zur Riege der ästhetischsten Springer zählen daneben auch Roar Ljøkelsøy (Norwegen), Sven Hannawald (Deutschland), Hideharu Miyahira (Japan), Wolfgang Loitzl (Österreich), Peter Prevc (Slowenien) und Jurij Tepeš (Slowenien).

Kurios: Beim Sommer-Grand-Prix in Hinterzarten hat Ljøkelsøy als bislang einziger Skispringer in beiden Durchgängen fünfmal die Höchstnote erhalten. Weil er in beiden Versuchen aber nicht weit genug gesprungen ist, war er mit einem sechsten Platz vom Sieg dennoch weit entfernt.